从北极到南极

From the Arctic to the Antarctic

# 从北极到南极

# *From the Arctic to The Antarctic*

温迪 著

Acer Books

从北极到南极（红枫丛书之七）
作者：温迪
摄影：温迪
出版：Acer Books

书号：978-1-7381938-9-9

红枫丛书
策划：黎杨
设计：陶志健

From the Arctic to the Antarctic
Author: Wen Di
Photos: Wen Di
Publisher: Acer Books

ISBN: 978-1-7381938-9-9


E-mail: acerbookscanada@gmail.com

# 目 录

# 生命中的一条河

北美的早春三月，温迪请我给她的书写个小序，我欣然答应。因为没有人比我更了解她的文学创作之路了。

2021 年，刚过完圣诞节，我接到温迪打来的电话，她邀请我出任《华侨新报》的主编。为此，我们有了一席谈。

说实话，近年来国内很多纸介媒体都在纷纷改行或者停业，更何况海外的华人报纸？我有些担心，问起她办报的原因。

原来，文学是她心里的一个梦！出国前，她也是一位文学爱好者，曾经在一家报社当记者。移民后，为了生计，她的文学之心就沉睡了。这一睡就睡了二十多年。

当她的经济独立之后，也从当年的风华正茂步入了中年。她还是惦记着心中热爱的文学。也正巧这时候，《华侨新报》的老社长退休寻找接班人，她因此接手了这份有着 30 年历史、并被加拿大政府馆藏的华人报纸。

她的文学之心又一次在异国他乡激荡起来。年轻时曾经的梦想那么强烈地在北美的风中呼唤着她，她似乎看到了生命中沉寂多年的那道光，那条默默在心底流淌的河。岁月更迭，那梦伴着那条河一直在等待着她。

于是，2022 年 6 月 1 日，我们正式接手这份华人周报。应该说，也是从那时开始，温迪就无怨无悔地走上了文学创作之路，做了一名纯粹的媒体人。

她从跑会场，写新闻稿开始，逐渐将笔伸入到生活的深处。她出生在河北农村，生活底蕴扎实丰厚。利用这些先天条件，她从小随笔小散文开始，越写越好，越写越精练起来。

从开始的千字文，到现在的洋洋洒洒上万字的系列散文和系列游记，她的文章起色很大，提高得也很快。不知什么时候，我会惊讶地发现："嗨，又上一个台阶了！"她那些写老家的文章也越来越有文采，耐人咀嚼。如她去年回故乡后写出的《老屋和儿时的记忆》、《绿苇姐》、《三姐》、《我们的集体记忆》等一批来自于农村生活的散文，朴实的语言中穿透着人生的风雨和走出故土后再回首往事的感悟。从她那些朴素的词语中，我们不难发现创作的一个真谛----文学的本质是生活。

两年多的日夜，她把自己放到文学创作的跑道上，不停地让自己起跑，永无终止。她读书，一本又一本，车里随手可及的地方，家里的床头上，都放着书，她不放弃点滴的时间。她常常在深夜醒来，为一个文章中的句子，一个词语的用法苦思冥想，直到找到合理的解答。她的写作也就在那一瞬间走向了新的阶段。

积水成渊。两年的时间一晃而过，温迪的文学创作也迎来了她人生的第一个小高峰。这本《从北极到南极》的游记散文，汇聚了她近两年多来走过的足迹，不论是冰岛还是南极，不论是埃及金字塔还是黄刀镇的极光，她的笔跟随着她从没怠慢从没放弃。这是她心里长出来的树，她说："想想余下的生命中也没有什么要干的了，就是读书写作办报纸。"

文学，早已成为她生命中最后的那条河，那条涓涓不息流淌的河。

祝温迪的写作之路越走越宽，愿我们的报纸越办越好！

是为序。

黎杨

2024 年 3 月 20 日于加拿大蒙特利尔

# 冰与火的洗礼

在冰与火的土地上，什么都有可能发生。

## （一）露营苦与乐

当女儿说她订了7月25号去冰岛的机票，一路宿营，并问我去不去的时候，我不假思索地回答：去。

在网上预订了一辆斯巴鲁商务车改装的营车。我们从冰岛首都机场坐大巴到公交站停车场，按邮件指示找到预定的车。这辆车的后排座已被放下，上面压着一个床垫，两个睡袋，一个塑料箱子里放着餐具，这就是我们后面十一天的流动小家了。车底有一个塑料盒装着钥匙，用密码打开，无人交接车辆。女儿因为不知如何连接蓝牙给车主打了个电话，在他的远程指导下成功连上。

车上有一个iPad，提供导航和Wifi。感叹冰岛设施和服务犹如北欧，看着不起眼，细节处却让人舒服。冰岛营地管理相当佛系，勿须提前预定，玩儿到哪儿，手机搜寻附近的营地直接去就好。

基于女儿几年前去冰岛的经验，我们直奔Costco补充给养：早餐面包，午餐三明治，水果，方便面和盒纸等。四十八瓶一箱的水太占地方了，没在Costco买。我们准备到第一个景点小镇，去当地连锁超市小猪店买水。让我后悔的是，小猪店居然没有不带汽的水（后来在一个加油站买上了）。女儿说，冰岛人超爱喝汽水。

### 斯蒂基斯霍尔米(Stykkishólmur)营地

因为在电影《白日梦想家》中“扮演”格陵兰，斯蒂基斯霍尔米小镇名声在外。

营地在小镇边上，临近一个高尔夫球场，当时正在举行球赛。工作人员是个亚洲面孔的小伙子。女儿问他：这里有淋浴吗？他回答：有，是通室外的（当时冰岛气温零上四五度，还刮着冷风）。女儿苦笑着说：你们装这个淋浴是为折磨人的吗？小伙子幽默地回答：大概是吧。

女儿问他我们可以在哪里露营，他说除了一个黄色区域（有水电的区域，为大房车准备的），其他地方随便。草地上没有画任何线，帐篷和小型房车在同一区域，间隔随意。我们找了一个离厕所近点儿的地方停下来，第二天走也不用告知。

把行李箱和背包从后备箱提到前座，女儿勇敢地去用了淋浴间。我钻进车里，和衣而睡。真是太冷了！开始睡袋里的温度还好，半夜狂风大作，我被冻醒了，已经盖上了所有东西，只好缩成一团，祈祷不要冻病。

### 住在学校里

第二天是阴天，有阵雨。女儿说冰岛下雨是常态，我们都带着防雨衣服，也就无惧风雨，开车看风景，一天看到六次彩虹，很开心。

傍晚看到一家旅馆，更确切地说是一所学校。夏季学生放假时做旅馆，旁边的停车场当营地。我们得知旅馆还有房间，两张单人床，共享厕所和淋浴间，$220 一晚含早餐，就决定住。女儿去游泳池放松，和一对小夫妻聊起了天，请他们推荐本地人喜欢游玩的地方。我则在周围走了一圈，看墙上的毕业照，每张照片上连教师一起都超不过 10 个人。听说这个学校一共有 34 个学生。冰岛人少，住得分散，估计旅馆的房间平时是学生宿舍。

早早洗漱躺下，床很软，外边的天很亮，一夜几乎未眠，还不如睡营车睡得踏实呢！

**爱心阿克雷里（Akureyri）**

被称作冰岛北部之都的阿克雷里，最出名的是它的心形交通灯。因为 2008 年金融危机，政府鼓励大家用心微笑，从而开启了这个传统。很多门窗上也贴了心形画。我们的营地厨房同样温暖，让我想起了蒙特利尔人窗上的彩虹。

我们傍晚到达郊外的营地，吃了方便面就睡了。睡袋拉链拉到肩膀，没感觉冷。梦到有人送了很多茶叶，因为白天女儿曾提到想喝杯热茶。

早晨起来，一个五六岁的小男孩跑到我们车前跟女儿讲，营地会有火山爆发的表演。他说：有人会跑，会跳。女儿逗他：我们会很害怕吧？过了一会儿，我从车里出来，又看到这个男孩儿。他指着女儿问我："她告诉你火山爆发表演的事了吗？"我回答是的，他又跑去跟另一个营车的人做宣传了。

早餐时来到营地活动中心，一张张桌子旁坐满了人。来自世界各地的游客说着各种口音的话，背后的法语异常清晰。女儿说：无论在哪里，法国人都是最热闹的。后来她和他们攀谈起来，得知这四个从法国来的小伙子，要花三个星期环岛自行车游。旁边一个三四岁的小女孩跑到儿童房去拿了个玩具出来。

早餐后，我们去城市中心游览，买了保暖的帽子，冰岛羊毛织的厚毛毯，后来证明这是最对的决定，保证了露营不再挨冻。

**埃伊尔斯塔济（Eglisstadir)营地**

埃伊尔斯塔济是冰岛东部最大的城镇，也是重要的交通枢纽。小镇旁边是拉加尔湖（Lagarfljót），据说里面栖息着冰岛版的尼斯湖水怪——拉加尔湖蠕虫。

白天我开车在高速上拐弯太急，冲到了沟里，撞坏了保险杠，车嘎啦嘎啦响。女儿给车主打电话，他建议我们在当地汽车修理厂检查一下，保证行车安全。问营地工作人员，哪里有修车厂？她说：明天是周日，修车厂关门。周一是假期，也关门。你们去加油站碰碰运气，看有没有懂车的人帮你们。

一早起来去加油站，那里的人也不懂检查车。当班负责人看我们着急的样子，就花了很长时间帮我们在网上查找。最后他说：你们打这个电话，看他是否可以紧急帮忙？女儿把电话打了过去。对方问清我们在哪里，就开车找来了。

这是一位三四十岁的白人男士，样子帅帅的。他简单查看了一下车，让我们跟着他到修理厂。在车间里把我们的车架起来，检查了车的状况，很幸运，发动机没问题，水箱差一点儿就破了，底盘上已经破损的塑料板需要拆，是这东西发出来的嘎啦声。这是部老旧的车，螺丝已经生锈，很不好拧。在拆卸塑料板的过程中，男士的手被划破了。当我们问该付多少钱时，他出乎我们意料地回答，不要钱！是真的吗？我们遇到好人了！要知道，女儿上次去冰岛，车钥匙不小心被锁在车里，请人开锁都花了$500加币。

后来又住过几个营地。有在冰川边的（冰川徒步团登记在营地边），有在彩虹瀑布前的（从窗户里可以看到瀑布）。最温馨的一个营地里有书、免费咖啡和免费食物，是宿营的人用不完留下的，营地工作人员每天检查食品有效期。我们也把自己吃不完的半桶腰果留下了。

总体感觉在冰岛露营很方便，离景点近，位置甚至比旅馆还好。似乎冰岛优先照顾露营的人。露营也让我们接触到来自各国的游客。他们多半是年轻背包客和骑自行车旅行的人，以及带孩子的家庭，充满了朝气。我也很感慨自己的适应能力，在第一天露营的不适之后，越来越习惯。虽然为了让自己干净整洁些，也住过两天旅馆。

下一次去冰岛，我还想去露营，再早些预订，希望能订上稍微宽敞舒适的营车。也许不同的条件会带来跟周围不同的互动方式。人生的每一种感受都弥足珍贵，丰富着我们的生命体验。

## （二）向火山行

2022 年 8 月 3 号上午，我和女儿刚在冰岛南部 Vik 镇欣赏了熔岩表演，下午去参观斯科加瀑布（Skógafoss），并走在瀑布旁边的菲姆沃罗豪尔斯（Fimmvörðuháls）徒步路线上。她和一个开拖拉机的修路工人闲聊起来，这是来自冰岛西北部的白胡子老人。女儿问他：Vik 镇的火山随时都可能爆发，人们还选择生活在这里，冰岛人的人生哲学是什么？老人笑答：过好今天，不为明日担忧，人的命天注定！他还顺口说：首都机场附近的火山爆发了，你们知道吗？

天啊！真的吗？回到营地，我们赶紧刷新闻，得知去年持续烧了九个月的火山，几个小时前又裂开一个 100-300 米的缝。这个火山口离冰岛首都雷克雅未克（Reykjavik）机场 16 公里。按照惯例机场发了警报，但没停飞。女儿的第一反应是：我们要不要去看火山？我犹豫：这安全吗？视频上，总统在向游客呼吁：不要急着去看火山爆发。因为还有太多不确定性，我们打算等一天看事态发展。

8 月 4 号早晨一睁眼就查新闻，得知火山发出的气体有毒，直播视频也显示岩浆从流动变成了小喷发。我虽然担忧，但作为媒体人的责任感逐渐占了上风，战地都有记者去，我都赶上了火山爆发，怎么可以不到现场呢？！

怀着略有些悲壮的心情，放弃了泡温泉计划，短暂在中途的塞里雅兰瀑布（Seljalandsfoss）停留，然后我们直奔首都。为了避免毒气影响，选择绕到了上风方向开车。

不久，就看见天空中升着一团特别的蘑菇云，一路追踪着它，到达火山附近的小镇格林达维客（Grindavik）。我们决定先到餐馆大吃一顿，补足能量再出征。

等饭菜的功夫，我问饭店的一个服务生：怎么去火山啊？他热情地拿出一张地图，解释开车路线，并把火山附近的停车场和火山位置都圈上。旁边的两个服务生也围上来。我问他们：你们当地人怎么看火山爆发，是不是习以为常了啊？其中一个回答：我们也很害怕的，担心火山烧毁家园。

吃饱喝足之后，再上路时女儿特意换上了"加勒比海盗"的音乐，我们两个顿时感觉雄赳赳，气昂昂。我跟女儿说，如果从停车场能看到火山爆发，哪怕远一点，咱就不爬山了。网上报道说"山陡峭，需登山杖做平衡"，我们的登山杖被留在海关了，此时赤手空拳。叮铃一声，我的手机收到了冰岛政府的警告短信：你所在的地区出现了火山爆发，科学家正进行风险评估，请不要接近火山。注意旧火山和有毒气体！

无视警告，我们继续前行。到达观望点停车场一看，哇！好多车啊！满满当当的。看来很多人不听劝。好不容易找到一个空位。从停车场往山上望去，根本看不到熔岩，只有一溜人在向火山走。

既然来了，无论如何也得见着火山！雄心一起，我们也加入到爬山的人群。这时，手机收到了第二条短信：打算看火山？如果没有齐全的装备（暖和的衣服、登山鞋、手电、水、食物和充满电的手机），请不要接近火山。冰岛政府真是为游客操碎了心！

我平生最辛苦的一次征程就这样开始了。

从停车场到山脚下，是一段较平的土石路，我问一个迎面走来的小伙子，你看到火山爆发了吗？他说：看到了，特别壮观！我又问：路上好走吗？他答：不难走，就是很远，至少单程两个小时，不过，非常值得！加油，我和你同在！

眼前的山算不上陡峭，据说有300米高，危险的是土和石子容易滑，需小心行走。从新闻报道中得知，8月3号有三个游客摔断了腿，一个被救援直升机带到了医院，另外两个被救援车带离了现场。

爬上第一个山头，我看到了去年火山爆发喷出的岩浆，如沥青般黑黑一片，绵延几公里，熔岩顶头靠近一栋小房子。可以想像当时熔岩流过的地方，摧枯拉朽般，一切生物瞬间成灰，房子的主人（应该早已撤离）该有多么害怕自己的家被毁于一旦！

不久，我们开始登第二座山。这座山比第一座陡峭，小路变成了“之”字形。迎面走来的年长女士告诉我，她没走到目的地，丈夫自己去看火山了。另一个小伙子吓唬我说，后边都是上坡！爬完第二座山，还是看不到火山。我叫住一位迎面走来的年轻姑娘问路，她指着远处上空的直升机：看，火山就在那个方向！

在第三座山的山脚下沿着去年的熔岩边走，比较平坦，但有些地方在冒热气，突然听到身后有人喊：请离开熔岩！请离开熔岩！

后边的一半路变得容易起来，那是铺满黑色苔藓的平地，软软的让人感觉走在面包上。我跟女儿说，你知道人运动时有个极限点吗？超过那个极限就感觉不到累了。我现在就过了那个极限了！

终于走到直升机巡查的天空下，女儿突然叫了一声：哇塞，太壮观了！我个子比她矮几公分，还看不到，赶紧快走了几步，才见远处的山谷里，一道亮红色的熔岩帘，正在不停地喷发，火星四射，它的周围已经流了很大一片黑中透红的岩浆，另有一条红色的熔岩河在往远方流淌，真是太漂亮啦！

我们在山坡上找了一个地方坐下来，有些大胆的游客爬下了山谷，站在熔岩边上。周围人都在叽叽喳喳地惊叹着大自然的奇观！

我看了一下表，当时是晚上 8 点半。从下午 5 点 45 左右离开停车场，我们单程走了快三个小时（我腿脚不好，走得太慢了）！希望能趁着天亮平安下山，我们仅在那里坐了 20 分钟就离开，好在冰岛的夏天 12 点以后才黑。

回程路上，美丽的晚霞逐渐显现。游客们还在陆陆续续往火山赶，甚至有的年轻人骑着山地自行车前行。我和女儿感叹着他们的勇敢，也为他们担心：天黑以后爬山多危险啊！正这样想着，一辆工程车出现在眼前，几个穿荧光服的工作人员，拿着木桩往苔藓地上竖，女儿走过去问：你们这是做什么？一个人回答：木桩上贴了反光条，手电或头灯光照上去，人们晚上容易看到。多么贴心的政府！

沿途旧岩浆冒热气的地方明显多了起来，不知会不会也裂开？下山路上，女儿滑了一个屁股墩。走在我身边的一个年轻工作人员也滑了一跤，尴尬地从地上爬起来，口中说着：没事儿没事儿。一个七八岁的小男孩滑倒疼哭了。我慢慢地挪动僵硬了的腿，女儿不时地停下来等我。最后连山前通往停车场的平路也似乎长了几倍。

半夜 12 点，我们终于坐到车里时，女儿说，咱就在小镇上宿营吧。我说：好，不管在火山附近有没有危险了！

开出停车场，发现路边上也停了很多车，可能晚上看火山的人比白天还多。导航到最近的营地，出乎意料，我们遭遇了冰岛游十一天里唯一的一次营地满员，看来火山的魅力还真是大啊！

不得已开到另一个小镇沃加（Vogar），总算找到一个营地的位子，已经快夜里 1 点了。我和衣而眠，全身都是疼的。

早晨去刷牙洗脸时，问身旁的德国女孩，你去看火山了吗？她说，去了，凌晨 3 点才回营地。我趁机问：夜里爬山不危险吗？她说：还好，反正冰岛的夜没有全黑，而且很多人都有头灯，随大流走，就是脚下每一步都要特别小心。真心不建议晚上去看火山。回程路上看到还有人去呢，大概去看火山日出吧！

我想起白胡子老人说的话，也许到了这片神奇的土地上，连游客都活在当下了。记得他告诉我，他自己姓名的含义是“来自上帝的信息”。我感恩和自豪：火山我都走过了，还有什么可怕的哪？

（写于 2022 年 8 月 6 日）

**后记：**

2023 年 7 月 10 日下午 5 点左右，我见过的那个火山又爆发了一次。这次火山喷发的裂缝长达 900 米，比我看的那次威力更大。这次火山喷发持续了不到一个月。

2023 年 11 月，火山旁边的格林达维客镇上开始地震频发，甚至马路都裂开了大口子。专家预测火山随时可能再次大喷发，全体居民被疏散。那段时间，我天天看新闻，想着那些曾经和我交谈过的店员们都在经历怎样紧张和焦虑的日子。当地新闻中有一位居民的描述让我记忆深刻，他说，等待火山爆发就像看一部无聊的电视剧。

2023 年 12 月 18 日当地时间 22 点左右，火山终于爆发，这次的熔岩裂缝长达 3 公里，比我看到的大 10 倍，火焰高达 100 米，游客从首都都能看到，火山喷发了三天才停止，但风险仍在，小镇居民被迫在外边过圣诞节和新年。2024 年 1 月 4 号，被疏散的小镇居民才回家。据报道，有 40 个居民不顾危险提前回到小镇过的节。我就在想，人们为什么对故土如此留恋？人有脚，为什么那颗心就在故土扎了根？

上周（2024 年 2 月 12 日），火山又喷发了，虽然格林达维客镇得以幸免，熔岩没有流到那里去，但道路和热水管道被破坏。大冬天，那里的居民又要承受没有热水的困难了。

## （三）走近冰川

如果把冰岛比作一个美人，那么她有着热情似火的内心，却常摆出一副冷若冰霜的面孔。

在向火山行的前两天，我和女儿见识了她冰霜的一面。瓦纳州库（Vatnajökull）冰川，占冰岛面积的 8%。冰层厚度达 400-600 米，覆盖着七座火山。这里是多部好莱坞电影的取景地，例如 007 电影系列的《择日而亡》。

山顶的巨大冰盖和天上的白云相接，向山腰伸出大冰舌，我一看到它，就兴奋地拍照，并且跟女儿说：看到冰川，感觉前几天照的雪山太没意思了！她回应：一会儿你看到冰川湖，就会感觉现在照冰川没意思了！

当杰古沙龙冰川湖（Jkulsárlón）突然出现在眼前时，我确实惊呆了！冰川上剥落的巨大蓝色冰块，成群结队地漂浮在这片泻湖中，湖水通过一条小河流向不远处的海里。

我们停下车，沿湖边漫步欣赏。大冰块有的像人，有的像青蛙，有的像凤凰，有的像船，奇形怪状让湖面充满了一种奇异的景象。背后黑色的大山更衬出冰块的晶莹。女儿拿起一个小冰块舔了舔，告诉我：咸的。冰川水不是淡水吗？

在旁边的食品车买了东西，我们边吃边聊。女儿问：你看到这里有什么感觉？我回答：无法用语言表达。她说，湖里的冰块看起来比四年前小多了，因此感到一丝悲哀。不知道下次再来，会变成什么样子。

我们打算静静地和冰川湖多呆一点儿。就把车开到湖的另一侧游人较少的位置，搬下折叠椅，拿了毛毯。女儿画画，我写作。上次她来冰川湖时，曾看到一对小夫妻在湖边摆了一张小桌，手持一杯红酒。我们也想买酒，不料这天是冰岛假期，酒铺关门。

这个角落安静得能清楚听到水流“哗哗”的声音。空中飞着一只小鸟，五只小鸭子跟着鸭妈妈游来游去。水透明而清冽。一个小伙子脱得只剩一条泳裤下到水里，一分钟后哆嗦着上岸，女朋友贴心地递上浴巾擦头。两只海豹游向我们，抬头看了看，一下子潜进水里游走了。黑沙滩上搁浅着一颗颗小冰石，闪烁着钻石般的光芒。

几个小时后我们离开冰川湖前往营地。途中又见到两个巨大的冰舌。我们沿着一条石子路走向它们。冰舌似乎不远，走到跟前却花了一个多小时。我跟女儿讲起大学时第一次爬山的事情，说山总是看着近，走着远。女儿笑我还是没有接受教训。途中偶遇从纽芬兰去的小伙子，他告诫我们靠近冰山时千万要小心，不要走过栅栏太远。

走到路尽头，栅栏后乱石林立，伴着旁边一个深深的冰川湖，还有纪念那失踪兄弟的牌子。我们停住脚步。后边来了一对小夫妻，女生坚持要过栅栏去看看，一会儿人就不见了。男生只好翻过栅栏去找她，也不见了。我们忐忑地往回走，不时回头看看身后有没有人影。过了很久，终于看到那一对儿身影，才放下心来。

报了第二天的斯卡夫塔山（Skaftafell）三个半小时的探险团，我们当晚在附近的营地住下来。早晨 9 点，拿了冰山鞋，冰镐和安全帽，跟随一个年轻女导游去冰川徒步，心里有点兴奋和紧张。她说我们遇上了冰川探险的好天气。

车停靠在一个冰舌前，穿好冰川鞋爬上小山坡。冰川，终于来到你身边了！我仰望着它，心中充满感慨。几年前去挪威看冰川，只能远远观望，这一次终于可以和它亲密接触了！

徒步开始，才知道带齿的冰川鞋有多管用。导游说，夏天的冰川表面比较软，好走些。冬天会硬很多，危险性更大。行进中，我们看到一个巨大的冰洞，导游打进冰里一个铁器固定好拉绳，然后每次拉一个人到洞口前探看，洞很深。她说，冬天下了雪，冰洞表面结冰，会掩盖洞口，人不小心踩上去会掉到洞里。导游指给大家看当天脱落的冰块，告诉我们哪里危险不能去。

我总是那个被导游特别关照的人，一会儿鞋带松了，她帮着系。一会儿到危险的地方，我不敢走了，她把胳膊借给我，让我扶着前行。我开玩笑说她像我丈夫。从此她就经常喊："老婆，到我身边来。""女儿，小心点儿。"团里有一个从巴西来的环境博士，跟我女儿俩人边走边聊。他说自己在冰岛好几年了。知道冰岛冬天夜长，怕无聊，带着毛线来的，想学编织打发时间，结果根本没用着。一有极光的晚上，他就跑出门看，乐此不疲。

导游从意大利来，女儿问她最喜欢冰川导游工作的哪个方面，她说：让人专注。爬冰山时，什么都不会想，而且尊重自己的极限，安全回家是唯一目的。有人问我和女儿是哪里来的？我们回答从加拿大来。众人说到加拿大的冰川，我为还没有走过本国的冰川汗颜（我在 8 月 12 号终于登上了位于阿尔伯塔省的哥伦比亚冰川。它比冰岛的冰川小很多，也平整，是坐六轮驱动大车直接到冰川前，无需冰川鞋直接走上去，冰川水可以喝）。

三个多小时的冰川徒步，让我对冰川有了更多的亲近和感情。想到全球变暖，冰川的面积在逐年减少，内心就非常珍惜跟它的缘分。阅读相关资料得知，冰岛有一个 700 岁的 OK 冰川，科学家在 2014 年宣布它正式死亡，因为没有了足够移动的厚度，成了死冰。2019 年 8 月 18 日，冰岛为它举行了纪念仪式，在那里放置了一块铜匾，刻着致未来的信。这封信是由冰岛著名作家安德利·马格钠森（Andri Snaer Magnason）撰写的。上面写到：OK 山是第一座消失的冰川。未来 200 年，我们所有的冰川预计都将走和它一样的道路。这个纪念牌匾是承认我们知道目前正在发生的情况和需要做些什么，只有你知道我们是否做到。在日期之后，特别标注了全球空气二氧化碳的浓度是百万分之 415（ppm）。

写到这里，悲哀袭上心头。如果有人计划来冰岛旅游，建议一定要到斯卡夫塔山看看冰川，尤其不要错过杰古沙龙冰川湖。

## （四）千瀑之国

对于内心似火，面如冰霜的冰岛来说，她注定了眼泪长流，藏不住的心事汇集成无数个瀑布，有时默默饮泣，有时梨花带雨，更有时崩溃大哭。每每让人心生爱恋，眼里看见彩虹。

**熔岩瀑布（Hraunfossar）**

在我和女儿的冰岛之行中，熔岩瀑布是我们见到的第一个瀑布。那天，车上的 GPS 把我们带到了一条咯噔咯噔的小土路上，犹豫中开了进去，尽头被一道门挡住，原来 GPS 指错了路！在车掉头的功夫，我闻到空气中弥漫着一种特别的香气，浓浓的如薰衣草，但环顾四周却没有花，想必是哪棵树发出来的。

改跟 Google Maps，经过一座桥，到河对面才看到这个壮观的瀑布群。一股股细水从岩石中、树丛中钻出，分成无数条奔流下来，让人疑惑水怎么能从半山腰来？查资料才知，它是熔岩底部融化的冰川渗出。这个瀑布群绵延一公里宽，相机一次取景只能照一部分。黑色熔岩、白色瀑流和绿色植物，构成了奇妙的色彩对比，让人叹为观止。

我们在瀑布边的小径漫步，来到熔岩瀑布下游的儿童瀑布（Barnafoss），据说它以平均每秒钟 80 立方米的速度流过。这里发起洪水来，速度能高达每秒 500 立方米。

之后的行程中，女儿跟我商量在众神瀑布（Goðafoss）和黛提瀑布（Detifoss）之间做取舍。考虑到黛提瀑布是全欧洲水量最大的瀑布，我们就放弃了前者，使它成为一个小小的遗憾。因为众神瀑布就在 1 号路边，经过时我们从车上都看到了它，但因为没有减速而无法停车。在传说中，1000 多年前冰岛法律发言人 Thorgeir Ljosvetningagodi 曾将北欧众神的雕像投入瀑布，从而平息了冰岛的一场宗教危机。如果有人走一号路环岛，这个瀑布不应该被错过。最终黛提瀑布也没去成，因为它需要从主路转至分公路，深入很远才可到达。想到后边还会有很多见到瀑布的机会，就放弃了它。

看来，人不该太贪心，不一定那个最大的最好的目标是适合你的。不要错过沿途的风景和收获，人生才不会留下遗憾。

### 斯科加瀑布（**Skógafoss**）

我对斯科加瀑布是有所期待的，因为它曾多次出现在各类影视作品中，比如《白日梦想家》、《雷神 2》和《权力的游戏》等。坦白说，从车上远远看到它，感觉平淡无奇。下车走近它，听到如万马奔腾的轰隆隆声，淋着它激起的水汽，看着时隐时现的彩虹，才真正领略到它的魅力。突然就想起那句“飞流直下三千尺，疑似银河落九天”的著名诗句来。

据说斯科加瀑布是冰岛最大、最为壮观的瀑布之一，高达 60 多米，女儿找了块石头坐下来画瀑布，我坐在另一块石头上，看瀑布水汇集的小河流淌，山坡上牛羊在吃草，游人如织。

瀑布一侧是著名的菲姆沃聚豪尔斯（Fimmvörðuháls）徒步线路起点，通向艾雅法拉火山（Eyjafjallajökull），据说这里是冰岛风光最美的徒步路线。我们打算去体验一下。

爬上斯科加瀑布的顶部，对我是个挑战。一路上歇了四五次。最后又开始恐高。手扶着台阶边的绳子或木头扶栏，腿发着软埋头往上走，高处风很大，真担心被刮倒甚至刮跑。

瀑布顶部徒步路线平坦了许多。偶尔会遇到几只羊在山上吃草。撒了碎石子的羊肠小道，就靠在峡谷的峭壁边上。走着走着，碰到两个四五十岁的工人在拓宽小道，女儿和他们攀谈了几句，感谢他们做这项艰辛的工作。得知这两人从英国来，是短期在这里做这个项目，十一个星期修一公里的路。后边有一段靠悬崖边垒上了挖出来的草皮，让小道更安全，就是他们的成果。

这条徒步路线是沿着大地的裂缝边缘延伸的。瀑布水顺着裂缝底流过来。走了没多久，我们看到第二个瀑布。再往前走又出现一个，就这样，一直被瀑布吸引着往前走，不同的地形造就了瀑布的各种形状。有扇面的，有阶梯的，居然一路上有六七个瀑布，真是意料之外的惊喜！

有一段路比较惊险，大概一尺宽，旁边就是悬崖，必须紧靠岩壁手脚并用攀爬过去。走过这一段，我告诉女儿,到前面那个山坡就停吧。我担心回来时腿没力气了，抓不住地。这时，一对从法国来的年轻同胞从我们身边经过，我问了一句：前面还有瀑布吗？女孩说：还有，最大的一个。我又问：难走吗？女孩回答：不难走。因此我们继续前行。这个瀑布的确没有让我们失望，它和斯科加瀑布差不多，也是一样的气势磅礴。

下山时，再次看到那两个工人。女儿去跟他们握手告别，他们很开心地说：你是我们这一天，甚至这一周见到的最善良的人，能够停下来感激我们的工作。女儿说自己去年在里莫斯基（Rimouski）植物园做夏季实习，知道做这些体力工作有多么不容易！

## 塞里雅兰瀑布（Seljalandsfoss）

经历过斯科加瀑布的壮观，从环岛公路上一眼看到塞里雅兰瀑布时，差点儿放弃它，因为急着去看火山。女儿说这个瀑布后藏有一个凹进去的洞室，可以沿瀑布走一圈到水帘后面，还是值得一看的，我们才停下来。

来到瀑布跟前，风吹得水雾在空中飞扬成一片，突然觉得它有点像姑娘的长发。这份妩媚让我感到特别的韵味。走到水帘后面，衣服被打湿了。下台阶时，又因为湿滑出溜摔到了地上。但都没有影响我的兴致。

沿小径漫步 10 分钟，还有一个秘密瀑布（Gljúfrabúi）。它藏在一个洞口内，需要踮脚踏过几块岩石才能进入瀑布所在的峡谷之中。钻进洞口，瀑布从天而降，如同洒落的阳光。我担心鞋子会湿，就没有进去，从女儿进去拍下的照片看，很值得冒险。可惜那天人很多，洞里石头上站人的地方很小，我就没有再等。

除了这几个著名的瀑布，在去基柱峡谷的路上，或者从塞济斯菲厄泽（Seyðisfjörður）出来，都见到一些名不见经传的小瀑布。各有各的可爱。而且几乎每个山缝里都流淌着泉水，满足了我对瀑布的所有需求和渴望。

## （五）精灵 萨迦 超现实艺术

在冰岛旅行，经常听到或看到一个词萨迦（Saga），我和女儿都不确定它的意思。在离开冰岛的那天，我们叫了一辆出租车去机场。路上，老出租车司机终于解答了女儿的疑问。他说萨迦就是故事的意思。我们冰岛人喜欢故事，故事让人有信仰，我们不想让事实毁了故事的美好！

司机指着窗外的石头塔，告诉我们那是隐形人（精灵）垒的。他说隐形人有时会救助海上遇难的人。大部分冰岛人相信精灵的存在，认为小熔岩堆是他们的家。如果碰巧有熔岩堆在自家后院，冰岛人一般是不会搬动的，怕打扰了精灵。甚至国家修路，也会为保护精灵而改变设计，或延期施工，好让精灵有足够的时间搬迁。

想起我们旅行第一天，在博尔加内斯（Borgarnes）镇看到的移民定居历史博物馆。它在海湾边一座不起眼的二层小楼里。楼上部分介绍冰岛中世纪定居时代的历史，楼下部分讲述冰岛萨迦文学瑰宝《埃吉尔传奇》(Egil’s saga)主人公的故事。

以前听说过维京海盗，这次才知道维京人不仅仅是海盗，而是包含探险家、商人、海盗、巫师和工匠组成的集合体，他们来自挪威、丹麦和瑞典。在公元 930 年，维京先民们在冰岛的辛格维利尔峡谷（Tingvellir）组建了世界上第一个民主议会，建立起冰岛自由邦国家架构。冰岛作为独立国家三百年，后来并入挪威、丹麦，直到 1944 年才再度获得完全独立。

传奇部分讲述的是公元 850 年到 1000 年之间，最早定居冰岛的维京人之一埃吉尔家族的故事。正史对此并无记载。传说中埃吉尔的祖父乌尔夫(Ulf)体型高大，孔武有力，是个充满智慧的人。他在夜幕降临时会变得脾气暴躁，因此获得了个绰号叫夜间狼（Kveldulf）。乌尔夫因与挪威王室产生纷争逃到冰岛。途中不幸病亡，小儿子斯卡拉格里姆（Skallagrim）就在父亲棺材被冲上岸的地方定居下来，做起了农民和铁匠。他有两个儿子，小儿子就是埃吉尔（Egil）。

埃吉尔五官硬朗，性格跟祖父和父亲一样暴躁，但有征战与诗歌的才华。在他三岁时，父母带大儿子去外公家农场喝酒吃大餐没带他。埃吉尔自己骑马就找去了，还当场作了一首诗，外公送给他三个贝壳和一个鸭蛋做奖励。埃吉尔自豪地说：没有哪个三岁的小孩儿作诗能比我作得好。

埃吉尔七岁的时候跟小朋友打棒球，一个比他大两三岁的孩子得胜并羞辱了他。埃吉尔回家拿了斧子，像狼一样跑去把那孩子的头给砍了。这事引起了村子里的一场混战，导致另外六个村民死亡。父亲对他的行为很生气。母亲却说：这证明埃吉尔有做海盗的特质啊！埃吉尔在一首诗中写道：

妈妈说她会花重金
买一艘让我自豪的船
我站在船头
去寻找可掠夺的货物

埃吉尔十二岁时，他和朋友的球艺对保持冠军的父亲造成了威胁。在一次挑战中，父亲逐渐变弱，但夜幕降临使他力量突增。他用力过猛把埃吉尔的朋友摁在地上打死了。失去理智的父亲甚至抓起埃吉尔，要把他也杀了。千钧一刻，埃吉尔的保姆看见并怒喝一声使他放开了埃吉尔，但那个保姆不得不跳海逃生，不幸身亡。

埃吉尔一生和挪威王室斗争，杀死过国王的管家和国王十岁的儿子，还用一根竖起的柱子挂上马头，诅咒国王和王后离开挪威。他也曾被国王俘虏。多亏朗诵了一首好诗才赢回了自由和生命。埃吉尔始终在暴力与复仇中挣扎，远征过许多国家，这些经历使他创作了许多诗歌，其中以纪念他两个意外死亡的儿子那首最出名。诗人在诗中感叹家族的终结，回忆父母，诉说他的悲痛。在生命的最后时光，他把自己的银币埋在一个无人知晓的地方，甚至杀了帮助他埋钱的仆人，万念俱灰地躺在床上等待死亡。

女儿说她很怕楼下展示埃吉尔传奇的那部分，因为有巫婆有骷髅，还是能动的。她一个人不敢进去。前台工作的女孩儿附和说“确实”。有一天晚上老板要这个女孩儿爬到巫婆底下去关灯，她害怕得要命。

在冰岛行程的最后一天，我们到首都雷克雅未克艺术馆，参观了冰岛本土视觉艺术家埃罗（Erro）的展览。展览的题目叫图像的力量。埃罗作为超现实主义的先驱之一，在上个世纪 60 年代跻身激进艺术家之列。他收集报纸、杂志、广告、包装、明信片和漫画，重新剪辑组合成一个图像，给人特别大的视觉冲击。他的拼贴画常常带有讽刺意味。我最惊讶的是他的机器和人合体的画，难道他预测到了几十年后的人们？

一幅《在以色列的假期》里，埃罗把前苏联领导人列宁和美国总统约翰逊放在一起，中间还夹着一个毕加索画中的女郎代表恐惧、折磨、疾病和死亡。后边背景里显示的妖娆女郎小安妮（Little Annie Fanny）是《花花公子》中的漫画人物。虽说画作应结合当时的国际政治状况——阿伊战争去看，但历史总是重演，令人深思。

再看反映海湾战争灾难的《沙漠风暴》。它是 1991 年完成的画作，画家与时俱进，用电脑 3D 网格制作，让他表达出更复杂的看法。令我惊讶的是，埃罗还画过毛泽东和其他有中国元素的画作。

除了绘画，埃罗还拍了一些实验性电影。1965 年他拍的《洗脑》这部片子。电影中的女主角把两个男性朋友的头钻了个眼儿，拿出他们的脑子来，洗了洗又放了回去。精灵、传奇和超现实艺术，这些元素一起构成了冰岛文化神奇的一部分，把人带到一个看似荒诞，却更广阔和更深入的世界。

记得小时候，奶奶跟我讲过她婆婆（我老奶奶）和村外废窑洞里狐狸精拜干姐妹的事。她说那时家里请客需要的锅碗或桌椅板凳不够，老奶奶总去向它借来，用完即还，再借也很容易。但有一次借了，因为某种原因没有及时还，从此就借不出来了。这个故事，我不知真假，但讲信誉，跟万物互利互惠、平等共存的精神，是我从奶奶的传说中得到的滋养。

希望无论个人还是国家，公平地对待彼此，尊重周围的一切生灵，没有掠夺、暴力、欺骗和反抗，让世界更加和平。

# 穿越埃及时空

埃及在我渴望旅行目的地名单中已经很久了，但我对这个国家知之甚少，除了金字塔，木乃伊，法老，尼罗河，它对我充满神秘。非常幸运，老公得到邀请，去参加一个埃及朋友弟弟的婚礼，多么独特的机会，我当即要求随行。

2023 年 4 月 15 号从蒙特利尔出发，经日内瓦转机，晚上到达开罗，住进埃及同事家。开始了我们天上地下，城市乡村，古往今来，海水沙漠，大开眼界的旅行，真是感慨万千。

## （一）做客开罗同事家

在以往工作中，我结识了几个埃及同事，他们都是土生土长的本地人，远程共事几年，彼此建立了感情，虽然从未谋面，但感觉很亲近，在启程之前我就告诉了埃及团队主管哈桑。

**客随主便**

哈桑坚持让我们住他家。推脱不掉，也想感受一下埃及人家的生活，就同意了。

哈桑带着 7 岁儿子马特去机场接我们。小马特是个瘦弱文静的孩子，能听懂不少英语，但不太敢说。他那天咳嗽，乘出租车回家时，我很担心他被通过司机座车窗吹到后座的风加重病情。

哈桑住在开罗新区，那里有大片五六层高、土黄或砖红色的楼房，很像中国三十年前的小区。他几年前买了一套三居室公寓，130 平米，约合 7 万加币，是政府补贴房（每个公民可申请一套），听说现在房价升了 30%。哈桑的妻子诗曼不工作，在家带两个孩子和操持家务。哈桑的工资算本地人里较高的，养一家四口，单供房还可以，但供不起车。埃及的车价和加拿大差不多。

我们到家时，诗曼还在打扫卫生。哈桑陪我们在客厅坐，客厅的窗帘花纹和色彩吸引了我的目光，感觉有点儿像印第安人的捕梦网。窗帘后边是一个阳台，我站在阳台上，看到小区里有一个清真寺。哈桑四岁的小儿子嘟嘟藏在楼道里偷偷瞅我们。试探了几次眼神互动才蹭到我们跟前。虽然他不说英语，但甜美的笑容是世界上最通用的语言。老公搂着他，如家人般温馨。

我们进门时大约是晚上 10 点钟，哈桑说诗曼一整天都忙着打扫卫生，没准备晚饭，其实我们也不饿。经过 17 个小时的旅行，最想早点儿睡觉。哈桑执意叫了外卖披萨，大家一起吃。当时正值斋月，我问哈桑穆斯林斋月的意义，“体验贫穷吧”，他说。我告诉他我也打算吃几天斋（只在太阳落山以后和日出之前吃东西），希望能减体重。他笑笑说没必要，劝我别抱啥希望，他每年吃斋一个月也没减过体重。看看他的体型，我信。后来事实证明，他说的对。

在披萨送达之前，我的肚子开始疼。向哈桑要热水，他打电话让药店送，说半小时就到。诗曼终于打扫完卫生出来，她用头巾包着头发，只露出五官，笑咪咪地用漂亮托盘给我送来一杯热水。

随着时间推移，我的肚子越来越疼，疼到要把卫生间包下来了，药却迟迟不到。哈桑打电话追问，被告知送药员早到了，打电话没人接，就回去了，可以再送一次。我们继续等。三个小时过去，药还是没到，看着我难受的样子，老公决定自己打优步（uber）去药店，原来最近的药店只有几百米，远的也就一公里多。早知如此，走着去也把药拿回来了。

夜里两点，我才吃上老公买的药，得以休息。他悄悄说，明天还是去住酒店吧。我想去厨房给你烧热水，他们没让我进。

很明显，哈桑和太太用他们认为最好的方式招待我们，却不是我们想要的，我们打定了主意要逃离。

**主遂客意**

老公第二天一早就订了酒店，到尼罗河上的星巴克喝咖啡时，才告诉哈桑。哈桑惊讶地问：为什么？老公反问：你是不是想提供我需要的帮助？我们需要休息好，才能保证后边几天的旅行。为了尽量减少哈桑心里受伤的程度，老公一再强调中国文化和埃及文化相似，说我们很理解他让我们住在家里是把我们当亲人，又说从其他地方旅游完回开罗还有机会麻烦他，如果可能，还可以一起去河里钓鱼。

我很佩服老公的坚决，我是个省事的，又不太能表达和坚持自己意志，老怕让别人不舒服。看得出，哈桑一家对我们非常真诚。

哈桑说他不强迫，免得让我们不舒服。如果是他爸爸，肯定是不理解的。他爸爸在农村的房子，专门有一层留给客人住。亲戚朋友要进城办事，他都要请到家里招待。这一点，还真跟中国传统有一比。我们交换着彼此文化里的同与不同，用以缓解执意从他家搬出去，可能会产生的不适。我说起小时候中国农村的火炕，他说埃及也有，又聊了他和诗曼在开罗大学认识的经历。最后，见我们去意已决，哈桑提出一个要求，让我们一定吃了晚饭再走。诗曼要好好给我们做顿饭，我们爽快地答应了。

回城路上，我看到了路边的西瓜，想尝尝，但车已经开过去了，就告诉哈桑如果再看到西瓜摊，让车停下来。他说，我打电话订个西瓜。这让我老公生出感慨，你们真是新一代人啊，什么都电话订！哈桑不好意思地说，我通常也自己去挑，现在电话订是不想丢下你们，原来如此！我们说愿意跟他一起挑。

一路上再没看到西瓜摊，哈桑带我们去了他家附近的菜市场，就在老公给我买药的店旁边。

趁哈桑挑西瓜的功夫，我四处转。一种白皮水果似乎没见过，挑了几个买回去品尝，后来才知道是番石榴（哈桑说诗曼最喜欢吃，我尝了，淡淡的酸甜，籽太多太硬，我不爱吃）。还看到一把把的葡萄叶子，纳闷怎么吃，后来在哈桑家吃送别宴时才知道，那是一种传统食品菜包米饭的食材。

在店里，我看到架子上的盒子里包着一种小细长条蔬菜。

问哈桑那是什么，他说是茄子，掏空了芯，也是菜包米饭食材。

老公直接拿摊上的西红柿想尝尝，看和我们这里的味道有否不同，店主开玩笑说，给钱！其实也没要，对外国人，大家都很宽松。哈桑除了买西瓜，还买了菠萝，店家称重，削皮切好。

**海鲜大餐**

我们回到家的时候，大概下午四点多，因为斋戒，要等到太阳落山才能开饭。老公早早把行李拉到门口，我怕哈桑感觉我们急于离去，赶快跟他解释：这个人凡事喜欢早做准备。

饭前，诗曼用托盘送上了一种用椰汁、奶和糖调制的饮料，是他们斋月的传统饮品。

晚上六点多，大餐被摆上桌。BBQ 鱼、油炸鱼、烤鱼，油炸大虾、油焖大虾，鱿鱼汤、鱿鱼意面，西红柿黄瓜沙拉，自己特制的调料，买的腌制小菜，一人一大盘米饭。好像他们把能想到的海鲜大菜都呈现给了我们。感受到主人满满的诚意，我想只有放开量吃才让他们开心。

两个孩子已经爬上餐桌开吃，我看到餐具只有每人一把小勺子，没叉子！随即开玩笑说，真希望有双筷子啊。哈桑惭愧地说没准备，他以为我去加拿大这么多年，应该不会需要筷子了。好吧，我跟他学下手剥鱼，边吃边称赞味道好。哈桑说诗曼做饭手艺不错，因为她上中学时失去母亲，父亲没再婚，她就学做饭照顾家人，婚后又从哈桑的母亲那里学了几手。老公笑问有没有啤酒，哈桑又惭愧地说只有可乐。

我们吃饱之后，诗曼端上一人一杯深褐色的饮料，看起来像中药汤，老公先尝了一口，告诉我，酸甜的，像酸梅汤。我才放心喝起来。

刚把碗盘撤了不久，老公就约了 Uber。哈桑说，别急，你们还没吃西瓜呢，这可是你们今天要买的。诗曼在切。她急急忙忙端出来的时候，不小心踢到墙边，伤到脚趾，表情痛苦但一声都没吭。

我心想，吃完赶快走人，客走主安。

## （二）埃及婚礼

从开罗坐咯噔咯噔的慢速火车到达亚历山大，入住地中海边的日出酒店。想像埃及穆斯林的婚礼，仪式会是怎样的神秘?

埃及人的婚礼都在晚上。朋友安排司机到酒店接我们。穿过熙熙攘攘、不顾交通规则人车乱行的大街，我们早早到达举行仪式的礼堂。上一对新人的婚礼还没有完成。新娘身披白色婚纱，新郎西装革履。现场竟然不乏穿着露背露肩礼服的女士，令我略有惊讶！原来我们来的是基督教堂。

埃及的主要宗教是伊斯兰教，占埃及人口的 90%，另有 10%的埃及人信奉基督教。伊斯兰教和基督教之间不通婚。信仰不同，结婚的宗教仪式也不同。

傍晚的阳光透过窗户上的彩绘玻璃，把室内温柔地照亮。

圆形天花板上，耶稣在蓝天白云中伸开双臂，迎接着来到这里的人。我站在教堂外的缓冲间等待朋友一家的到来，反复练习用谷歌翻译的“他哈你呢”（阿拉伯语的祝贺）。

没过一会儿，楼下鼓乐响起。只见一位小花童领先，几个身穿白袍的仪仗小伙随后，唱着赞歌带领新郎新娘走上台阶。新郎身着黑色西装，是个英俊小伙。新娘手捧花束，白色婚纱的腰身下大大地蓬开，裙尾长长地拖在地上，美丽端庄。新娘挽着新郎的手臂，经教堂中间通道缓缓走到台上。亲友们涌进来，分站或坐在通道两侧鼓掌欢呼，有一位女士还卷着舌头发出响亮的口哨声。朋友见到我们，我赶紧说“他哈你呢”，他一楞，反应了一下才笑了，大概是我的发音太像外国人说“巩喜发菜”的感觉吧。

## 结婚仪式

新郎和新娘在台上一侧站定，二人手拉着手，听牧师在仪仗队的歌声背景中诵经，然后牵上一条红绸的两头，这条红绸随后被牧师绑到新郎身上（很有些像中国传统婚礼，就差大红花了）。牧师一部连一部地诵经，又为新娘披上土黄色披肩，也为新郎披上同色婚袍，并点上圣香向他们周围挥舞，然后在一对新人头部、胸部和手上画十字祈福。

我随着几个亲友举起相机和手机，钻到台上另一侧去拍照，被老公悄悄拉下台，因为他注意到，在台上拍照的没有女性。

回到台下，前面的人挡住了我的镜头。看我着急，老公自告奋勇绕行到人较少的另一面帮我拍照，但很快转回来。

原来新郎新娘的家人（无论男女）和男性朋友都在通道这边，另一侧只是他们的女性朋友，老公自然不适合停留。我内心忐忑地问老公，我是不是也该去那边啊？老公说，算了，咱就当是新郎的家人吧。

新郎和新娘在牧师的见证下交换了戒指，并签署了婚姻协议书。他们的紧张和严肃使婚礼更加神圣，让我和老公这听不懂阿拉伯语的外国人，也被感动着。我想，那个失去父亲之后帮妈妈带大弟弟的朋友，该是怎样的激动心情？

礼成之后，家人上台祝贺并和新人合影，看我向台上张望，坐在第一排的老太太拉着我的手说，你想跟新郎新娘去照相吗？去吧去吧。正在我迟疑间，新郎已经挽着新娘从通道缓缓走下台，向门外走去。亲戚朋友们纷纷到教堂外的辅厅和新人合影。在那里，已经装好了白色花拱门。我们也被朋友邀去照了相，并被告知下面的节目是去饭店参加婚礼派对。

## 婚礼派对

八点钟，司机把我们送到一个高级大饭店。这里才是狂欢的开始。饭厅里已经有两台摄影机，像拍电影一样把长臂伸到了天花板，一侧的 DJ 已经准备好。大电视上新婚夫妇的照片在滚动，小孩子们跑来跑去。朋友夫妇陪我们说了会儿话，然后一起到门厅迎接新郎新娘。

新郎新娘进门的时候，音乐响起，他们在门厅就被亲友簇拥着载歌载舞起来。有人加入他们，围圈跳起集体舞。音乐和口哨声混杂在一起，显得格外热闹。我看到穿西装打领带的新郎，脸上的汗水在往下淌。

二人从侧门走到后台去准备，亲友落座。每张桌子上只有两瓶水和几个玻璃杯，侍者端上粉红色软饮料。我和老公中午没吃饭，想着在婚宴上大吃大喝一顿，却一直看不到饭菜上桌，更没有酒。

后门慢慢打开，新娘和新郎在大家的鼓掌欢呼中来到饭厅。他们相拥起舞，然后亲友成对加入。一会儿之后，舞池出现两个“阵营”，一个“阵营”围着新娘跳舞，另一个“阵营”围着新郎跳舞。朋友的妻子指着新郎“阵营”说，那是她小叔子的好兄弟们。他们无论胖瘦，都舞得很有节奏，看得出，是真心为朋友快乐！我只是可怜新郎，不仅要舞个不停，还时不时被朋友们抬着抛向空中。新娘那边，通过大屏幕，看到她和自己的好朋友也跳得曼妙多姿，比在教堂中放松多了。新郎“阵营”和新娘“阵营”分分合合，足足跳了两个多小时。

朋友和他妻子跟我们同桌，我笑着对他妻子说，结个婚可真不容易！她使劲儿点头，是啊是啊，我也是这么走过来的。在埃及，孩子结婚后才离开父母家，所以结婚是个特别大的事情。她转身看了看自己的两个小儿女，后者正在人群中跳舞，幽幽地说，不像北美，18 岁的孩子就要搬出家去，我都难以想像，他们离开我的时候我会多难过。

熬到晚上 10 点多，还是没有饭菜，也不好意思问，后来才了解到埃及的派对上不供应饭菜。我们悄悄把红包和礼物交给朋友就离开了，听说狂欢将持续到凌晨一点钟，最后大家会一起分享结婚蛋糕。

等在门外的司机送我们回酒店，路上我感慨着两个家族的神圣结合，老公说，女儿结婚时我就不参加了吧，可能会掉眼泪。

## 婚礼延续

第二天中午，朋友的家人在饭店聚餐。他们下午会飞往红海，去度假村住一个星期，也邀请我们在游轮之后，到红海和他们会合。朋友的热情令人感动，但怕叨扰太多，也想自由安排一些行程，婉拒了邀请。

听说，在埃及，富贵人家的婚礼可持续一个月之久，请乐队，歌星和舞蹈演员助兴，天天宴请。普通人家的婚礼庆祝三天。而经济状况欠佳的家庭，也可以是一天。无论婚礼长短，贺喜的人们总是在音乐声中唱歌跳舞，真诚地为一对新人祝福。埃及人开朗豪放的性格让我大开眼界，完全颠覆了我对穆斯林的印象。

听说，在埃及娶媳妇，定亲时要送给女方一公斤金子当彩礼，我就跟老公开玩笑说，当初吃亏了，我也要金子。结果老公真送了我一条金项链。

回开罗之后，我问哈桑有没有送太太一公斤金子做彩礼？他说，幸好他和太太诗曼在大学就认识，她没要那么多彩礼，只买了戒指和项链，否则他连媳妇都娶不上。就这点首饰，还让他在家庭困难时卖掉了。

个人认为，不管何种婚俗，婚礼的风光都只是一时。婚礼豪华或普通，彩礼多与少都与婚后的幸福没多大关系。两个人平常日子的和谐，才是更重要的。看到哈桑和诗曼的美满生活，想到自己一顿大锅菜解决的婚礼，不禁惋惜那些因高价彩礼可能被拆散的年轻人。

但愿天下有情人皆成美好眷属。

## （三）热情似火的小女孩儿

旅途中，会遇到各种各样的人，和这些人的互动会让我们走出安全区，在更广阔的世界看到人类的联结和爱。

按正常行程，我们本来不会相遇，偏偏司机理解错了相约的时间。我和老公早晨 9 点在酒店大堂等候他接我们，做亚历山大半日游，然后在回开罗的路上绕道农村去看望同事。结果左等他不来右等他不来，打电话也没人接。我们不得已打 Uber 去著名的亚历山大图书馆，还遇到当日关门，因此转道卡特巴城堡，就这样阴差阳错地遇到了她——陈沫沫。

这是一个埃及女孩儿，起了个中文微信名字。

她跟两位从武汉到埃及援建港口的中年男士和我们几乎同时到达卡特巴城堡门口。在异国他乡同胞相见，就去打声招呼。得知他们是武汉去的技工。其中一位男士说，沫沫是他们驻地的邻家女儿。斋月后有三天假期，自告奋勇带他们来古堡游览。这两人不懂阿拉伯语，沫沫不懂中文，我奇怪他们怎么沟通？有办法！用手机打字，再软件翻译，他们给我演示着。语言障碍不妨碍沫沫用丰富的肢体行为跟所有人交流，这是我后来知道的。

沫沫大约十八九岁，头上裹着围巾，特别爱笑，两只眼睛非常灵动。她喜欢自拍，也总摆些可爱的姿势让同行人为她照相。令我略为吃惊的是，她竟然大胆到让另一位中国游客用自己的相机帮我俩照了一张合影，我也因此认识了星际孤旅。此后看朋友圈里他走过肯尼亚、坦桑尼亚、布隆迪、卢旺达、乌干达、摩洛哥，美国，阿根廷……

没过一会儿，沫沫就挎上了我的胳膊，似乎是搀扶我，却一直裹挟着我往前走起来。她的个子高，步伐快，老公和两位男士聊天在后边跟着，跟着跟着就跟丢了。开始谁也没注意。

当时我俩在城堡外墙上走着。墙外是大海，城堡的墙有点儿像长城，中间可以走人，两侧有豁口可以架枪抵御外敌。豁口处有半人高，沫沫半拉半拽地非让我坐到豁口上去照相。我怕危险，上去也挺费劲儿，但没拗过她，跟她上去了。

老公见不到我可着了急，他和两位男士四处找。城堡很大、岔路多，电话也打不通。等到我们返回时，老公说他怕我被小姑娘拐走或推到海里去了！人总是容易往坏处想，沫沫只是活泼有余，而我又不太有戒心而已。听同行的一位男士说把沫沫的照片发给了在国内的妻子。想让沫沫当她儿媳妇。这样的女孩儿，能有什么坏心眼哪？

沫沫大概知道自己的热情遇到了我的轻微冷淡，但毫不不介意。她说从小就特别喜欢中国人。

这些日子，通过朋友圈动态，我看到她喜欢骑马，又去了摩洛哥旅游。也看到她写的“不在乎别人怎么看我的性格，最重要的是自己喜欢”。前两天她还在微信上跟我打招呼问好。我相信，她的热情里，藏着对中国的渴望和对中国人的爱。如果她有缘嫁到中国，真心希望周围人能包容这个可爱的“小疯丫头”，让她做自己。

## （四）做小村庄里第一个游客

司机中午醒来，电话联系我们，一时的语言误解没有影响下午和晚上的行程。

离开亚历山大城时，已经是下午一点多钟，我们让司机在路上找个当地口味的餐馆吃午饭，但由于斋月的原因，很难找到白天还营业的饭店，司机就拿出太太给他准备斋戒后吃的传统点心库纳法，让我们先吃点儿顶饿。这是一种薄薄的面条状酥皮小甜品，他家的不像店里卖的那么甜，但酥脆毫不逊色。斋戒的最后一天，就像中国的大年三十，随后的三天人们将大吃大喝，孩子们还可以得到新衣和礼物。

我们的车在高速公路上奔驰了一个小时，然后转入乡村公路，再穿过一个小城市就要到同事法蒂所在的村子了。但道路也越来越艰难，让我想起几十年前家乡的土路，坑洼不平。实在担心把人家车底盘碰坏，老公跟司机说，你要是回头发现车哪里坏了，请一定跟我说，让我付修理费。司机笑着回答，没事儿，别担心。

司机本人也没来过这个地方，除了导航，还要频频给同事打电话问路。经过市场，穿过小桥，终于来到法蒂家门口，远远看到他在等我们。法蒂家在一条运河的旁边，他和妻子儿女跟父母住一栋小楼，楼后边还没完工的是给兄弟们盖的楼房。

寒暄之后，老公向法蒂提了一个我们在埃及旅行期间经常产生的疑问，为什么很多楼房的顶层有钢筋水泥柱子，像没有完成的工地？法蒂笑答，埃及的男孩儿 16 岁以后，家里就开始在爸爸的房子顶上加盖一层，往往没有足够的钱一次完成。今年庄稼收了，有点儿钱就安个柱子，明年再盖堵墙，一层房子可以盖好几年。政府是允许的。原来如此！

司机把车开进法蒂家院子。左边是一个牛棚，两头大黑牛正在吃法蒂刚割回的新鲜苜蓿。院墙外有个破旧的汽车修理厂，法蒂的兄弟正在那里工作。司机去村里的清真寺做礼拜了，我们随法蒂拜见了他父亲，又和法蒂的妻子聊了一会儿天，然后坐上法蒂家的三轮摩托车，去周围转。这种车在村子里比较多，比汽车便宜而且在村里行驶更方便，法蒂说大多由中国或者印度生产。

老公让法蒂告诉他怎么开，一分钟就掌握了。老公当司机，我和法蒂当乘客，先去看法蒂家的地。这里是城市近郊，种有苜蓿和小麦，几只白色的大鸟正在苜蓿地里找食，被我们无意间惊飞。法蒂家的麦子熟了，我们摘了嫩些的麦穗剥粒吃。

法蒂说他喜欢农村，喜欢田园生活的慢节奏，喜欢和家人在一起。他曾离开农村去大城市做过几年的导游，英法语都很流利，但最终选择回到家乡，做远程电话技术支持，当前正服务加拿大客户。法蒂是个非常积极肯干的人，也很随和，很多同事都喜欢他。

接下来，法蒂指路，老公把三轮摩托开进了村子，开始在大街小巷里乱窜。这是一个很大的村庄，法蒂说他认识村里的所有人。

## 村里的小卖部

穿过弯弯曲曲的街道，路上遇到一些玩耍的孩子，停下来对我们注目。法蒂说，我们是第一个到村子里来的游客，所以他们都很好奇。开到小卖部时法蒂让停下来，他要在这里给我们买纱巾和香水两种礼物。

本不想让法蒂花钱，我说没有用香水的习惯。法蒂坚持：女人哪有不喜欢香水的？你们要去看神庙，天这么热，会出汗的，需要香水。而且他强调东西不贵。礼轻情意重，我们却之不恭。

这里的香水是现场装小瓶，先闻一下气味做选择。装瓶时可以加酒精或不加酒精。这时小卖部里陆续来了一群看热闹的孩子。一个小女孩儿给我演示怎样包纱巾，男孩们嘻嘻哈哈在旁边呆着。我问可不可以跟他们照相，孩子们既害羞又踊跃地加入，一个人没被照进镜头，还不高兴地问：为什么没有我？

## 村里的清真寺

路过清真寺，我问可不可以进去参观？法蒂说可以。四五个老人正光着脚盘腿儿坐在地毯上。我们也脱了鞋，跟几位老人打完招呼，就到里面参观。这个村子里的清真寺比较简朴，只是几个柱子支撑出一个大厅，没有什么特别的。为了节日礼拜，有个半大孩子在外边撒水打扫。我们在清真寺走完一圈后，坐着的老人招呼我们过去坐在他们身边，因为语言不通无法聊天，只能跟他们照相。临走时，我悄悄请教法蒂要不要给这几个老人一点儿钱？他说不用，这都是村子里的富户，家里都有生意和雇工呢。有钱有闲，才能坐在寺里聊天。

**法蒂的妹妹家**

我们继续前行，经过法蒂岳父家的房子时，他指给我们看。不多一会儿就到了他妹妹家（嫁给了姑姑家的儿子）。妹妹大概二十几岁，戴着面纱见我们，只露出两只温柔的眼睛。法蒂解释说妹妹在和男人交往方面比较保守，戴面纱是她自己的选择。村里的女孩儿 12 岁以后如果不戴头巾，别人会觉得奇怪，但多数不戴面纱。

法蒂的妹夫是个医生，给我们拿了饮料，又邀请我们在他家吃饭，我们看向法蒂。法蒂说，这里的风俗是到谁家都会挽留你吃饭。

在法蒂妹妹家的院子里等待从城里赶过来的同事鲁斯特。期间法蒂的妹夫只跟法蒂和我老公聊天。我一个人无聊地向院外张望，看到一辆装满青草的牛车正慢悠悠地走在马路上，高高的青草堆上坐着车把式。另一个老汉拉着牛在横穿马路，骑摩托车带人的小伙子停下车来等他先过，一群羊也浩浩荡荡地来了。我瞅了一眼法蒂妹妹家的车棚，那里停靠着一辆白色的轿车，心想，这样的道路上怎么把车开出去？

## 年夜饭

等鲁斯特到了，我们开着三轮摩托回法蒂家。进入二楼客厅，法蒂的太太已经和他弟媳、妈妈张罗了一大桌子饭菜。法蒂、鲁斯特和司机跟我们同桌吃饭，他的家人在另外的房间里吃饭。这顿饭有牛肉、鸡肉、鸭肉，沙拉，还有用蚕豆和茴香做的小饼，有油炸和水煮两种，非常饱腹。大年三十待客吃，估计其文化意义，相当于我们中国北方的饺子吧。

提前问过司机，到别人家做客，带什么礼物好？他说可以给每个孩子一点儿钱，幸好老公在去的路上还买了一些水果，因为钱只给了法蒂女儿一份，再给他儿子时法蒂无论如何不让给了，让姐弟去分那一份。我们想给他父母一些钱，也被拦下了。他说，你们是我们请来的尊贵客人。要想给老人和孩子钱，以后再给。

法蒂的女儿给我们端饭菜，这是一个温柔的小姑娘，12岁了，头上包着纱巾。我老公问她大了想做什么工作？她说想学医。

吃饱喝足，我们又收了两袋子礼物。法蒂送给我两件T-shirt,送给老公两件衬衣。鲁斯特送给我们两块埃及织垫。

临行前，去和法蒂的爸爸妈妈告别。他妈妈紧紧拥抱着我说，希望再来做客。此时，我感觉一种朴素而浓烈的友爱，突破语言和文化的障碍，波涛汹涌地来到了我心间。

## （五）阿斯旺

一整夜没睡，坐早班飞机到四日游轮的起点阿斯旺(Aswan)，人已经疲惫不堪，放弃了上午安排的菲莱神庙休整，下午跟导游乘船去努比亚小村。

**彩色童话世界**

努比亚人是一个古老的民族，公元前6000年左右从苏丹北部迁徙到埃及南部，在历史上和埃及人处于和平贸易与战争冲突的交替变换中。

我们参观的努比亚村是尼罗河边的一个小村落，以蓝色为基调的彩绘房屋美轮美奂，骆驼在小路上穿行，我们犹如进入童话王国，轻松而愉悦。导游带我们穿过一些卖纪念品的小店铺，走进一户人家喝据说很特别的饮料，然后他就不管了。我们开始自行探索。

这户人家的厅很大，能同时招待几十人。从客厅的一边走到楼上去，有观景台可以欣赏尼罗河的风景，楼梯拐角处有一个大箱子，几条鳄鱼安静地呆在里面。这里每家都养着鳄鱼，他们已经学会如何孵化它。

沿着小路往上走。在一家门口看到三个择菜的女人，其中一个戴面纱的年轻女人会说英语，告诉我们另外两位是她的妈妈和姑姑。得到允许，我们进院内参观。看到院内台阶上有块饼，很好奇它的味道，就问旁边的男人可不可以尝尝？然后很尴尬地听到：那是喂鸟的，然后他拿出一张新鲜的饼给我们吃。真是友好又朴实的人。

这是一个以旅游为主的村落，听说也有民宿。我们只是稍微浏览，就回游轮上了。外边太阳很晒，不敢在阳光下走太久。

## 市场体验

傍晚六点多，太阳落山。走到室外，清风拂面，犹如蒙特利尔夏天的夜晚。老公想品尝当地人做的鱼。虽然游轮上有免费自助餐，我们还是决定出去找导游推荐的海鲜饭馆。

跟着手机导航，我们误打误撞地进了市场街。街两边的店主把商品摆在门口，主要是香料，纪念品和服装。导游曾说市场街上有一种果子晒干磨成的粉，泡水喝可以降血压，对心脏好。

我们驻足一家香店前。一位年约 60 岁的瘦高男人走出来给我们介绍他店里的东西。他的英语不错，人看起来也儒雅温和，让人自然放下了戒备。我们不仅找到了导游推荐的香料，还品尝了店里的炒花生。店主趁机介绍干花和茶，我们也买了些。结账时，竟然合计 1200 埃镑，这个价格未免有点儿高，但面对一个老人，我们也没想讲价，倒是他自己，主动把 200 埃镑抹掉了，又多拿了一个干花送我，还要送我一个做工粗糙的香水瓶，我没要。

老公继续在市场里左顾右盼，被一个卖石头雕刻物品的年轻店主拉住，选择了圣甲虫、金字塔形状的几个小纪念品，最后报价刚好也是 1200 埃镑。这回老公不再客气，直接还价到 400 埃镑，最后以这个价格拿下了商品。旅行还没结束，其中一个就坏了。在小摊上买东西，质量不保证。

回到游轮上打开袋子时，我们才发现里面不是新鲜花生。不知道在什么时候，被掉包成了陈年花生，让我们有上当的感觉。

## 海鲜餐馆

我们找的那家饭馆就在市场街，进去之后发现店堂很小。鱼缸和透明冷柜里的鱼，以及一个古旧立橱上雕刻的鱼，昭示着鱼是这里的拿手菜。

我们坐下来点了一个烤鲈鱼。鱼的个头很大，够两个人吃（价格也按菜单上鱼价的两倍），外搭两个小菜，一盘酿茄子辣椒，一盘西红柿黄瓜沙拉，两碗米饭，黑面饼管够。店员推荐了汤，我本来说不要，看他有点失望，就要了。

黑面饼和小菜先上。酿茄子辣椒，绵软、酸甜、微辣。好吃，我说。老公笑，看你夸张的。是真的！我抬头跟他强调。他尝了一口，默许了我的评价。我们吃着面饼和小菜，很快把酿茄子青椒吃光，又要了一盘也扫光。西红柿黄瓜沙拉倒剩了很多。

鱼上来了，一剖为二。上面撒着酸辣椒、奶酪和西红柿酱，味道很鲜美。我们两个人吃到撑，才把鱼吃完。深棕色的米饭也很香，给的量特别大，只能吃掉一半。但汤不值，太咸了。如果再来，无论怎么推荐也不会要这个汤。

回游轮的路上，经过一个饼店，门口摆着很多刚出炉的烙饼。人们一袋袋的买。老公递给店员五埃镑，拿了一张饼跟我分吃。店员又往塑料袋里装了几张，我想这饼可能是一埃镑一张吧。饼很好吃，但我们太饱了，游轮里又随便吃，能品尝就够了，所以店员装的那几张饼没有要，他看着我们，一脸不解的样子。

第二天，跟美国游客说起在外边小店吃饭尤其街头买饼的经历，他问，你们不担心得病吗？老公说，埃及是非洲的富裕国家，要是在更穷的国家，的确要小心疟疾，在埃及还好。

**可爱又可恨的小商人**

我们回游轮的路上经过一个大公园，里面有很多当地人坐在草地上玩儿。几个孩子围上来跟我们打招呼，他们不像在街上遇到的孩子那样喊：中国人，给点儿钱！而是文静地笑。一个大胆的女人主动上前用英语跟我们聊了几句。一个小女孩儿，还让老公玩儿了她的飞天玩具。

时间晚了，我们没有耽搁太久，继续向码头走去。在接近我们的游轮停靠地时，一个十来岁的小男孩儿走到老公面前攀谈，请我们坐他家的马车。他说，一个小时五块钱。男孩儿的英语不错，又大方，很招人喜欢。本已疲惫、计划回游轮休息的我们改变了主意，坐就坐吧，照顾一下这孩子的生意。

男孩儿的爸爸驾车，车上还有他们的一个朋友。我们走马观花，男孩儿不时跟我们聊几句，知道他上小学四年级，放假了跟爸爸来做生意。老公跟我用中文说，这马车真便宜，才五埃镑。我说，是五美元吧？你可以确认一下。当老公问是否五埃镑时，男孩儿笑得像看见外星人，怎么可能是五埃镑？是五美元！

看到路上有警察在抓人，我爱怜地跟男孩说，你可一定要做个好人！还跟他爸爸开玩笑，这个孩子我带去加拿大了。拉车的马一度要跑起来，令我担心，车夫使劲儿控制着马。男孩为了缓解我的紧张，说他们的马叫灰姑娘，伸开双臂比划着；灰姑娘想飞起来。我真喜欢这孩子！

我们本没想坐太久的马车，所以就要求提前结束了。车停下来，男孩儿爸爸突然要我们付二十美元，多么令人惊讶！不是五元吗？我问。如果要十美元，也说得过去，可以解释为每人五元，但为什么是二十美元？男孩儿爸爸的解释是，我们要付给灰姑娘一份钱，也要为他的朋友付一份钱。这不荒唐嘛！本来对这父子的好感，瞬间变成悲哀。想到这个爸爸，带着孩子做这骗人的勾当，把一个好好的孩子，能带成什么样？我们不想被明宰，双方开始讨价还价。最后付了400 埃镑（大约 13 美元）得以脱身。

我们是在马路对面下的车。付完钱后，男孩儿继续跟着我们走，老公以为他是送我们过马路，想好到马路对面再给他一百埃镑。殊不知，他跟我们走是为了继续要钱。小男孩儿开始卖惨，这加深了我们的悲哀，也激起了反感，只好不再理他。男孩儿估计自己拿不到更多的钱了，也没走到马路对面，就悄悄地撤了回去。

这对父子毁了我们一晚上的好心情。我们太天真了，不应该用自己熟悉的规则和逻辑来期望对方。这里童叟都可能欺人！

几天后在红海的一个度假酒店，跟店员提起这件事，他感到很难过。在他看来，讨价还价在埃及是正常的，但欺骗不是正派穆斯林人应该做的事情。这伤害了游客的信任，对本地的旅游业发展也是伤害。

后来我们想，可能是因为穷吧，中国的八十年代，在旅游点或者市场上也有些人不规矩啊。美国游客跟我们说起他们多年前在北京的经历，强买强卖的小贩把她护照都抢了过去。我们听了也感到惭愧。现在这种情况应该没有了吧。

希望埃及快些发展起来。更希望那个聪明的孩子，长大以后在社会上自己学会诚实。

## （六）走进古埃及

埃及是文明古国中的古国，如果说，以前于我只是概念，那么，在亲眼看到埃及博物馆、金字塔和众多神庙之后，我已真切地感觉到了它。

金字塔名气最大，殊不知，那是精美的外壳，内涵都藏在博物馆中。

坐着破烂不堪的Uber,闻着明显的汽油味儿，从开罗新城区前往老城区。在间隔地带，茫茫土黄色砂石地里几乎寸草不生，如同新疆戈壁荒漠。工地上，人车忙于建设。听同事说，开罗老城今年要全部搬往新城，因为老城要“爆炸”了。

开进老城，赫然见到一个衰落的大都市。建于10世纪的开罗，曾在14世纪达到鼎盛。从车上可以看到美丽的清真寺，但更令人惊心的是连绵成片的贫民窟楼房。据说，政府在上个世纪对建筑物疏于管制，开罗楼房建造不合标准，楼间通道窄到车辆进不去，人一旦在里面出事，都无法救助，所以政府下决心搬迁。司机自豪地说，你们下次再来，会看到另一个新加坡！

而我，默默在心里为政府发愁，这得花多少钱啊？当然，他们一定有办法，听说中国政府有援建。

埃及博物馆到了，我们买票进入，参观的人并不多。花约二十加币雇了导游。他先介绍了埃及的古老文字——圣书体和世俗体。世界上几乎所有的字母均发源于古埃及的圣书体文字。导游用圣书体把我的名字拼出来，令我惊喜。

## 亡灵书

因为导游只有一个小时，他先带我们去看博物馆里最珍贵的收藏。穿过大厅，我们直奔古老莎纸上的《亡灵书》。据说，亡灵书记录了当事人一生的秘密，在他（她）死后随身埋葬。以前我只知道中国蔡伦（公元 63 年-公元 121 年）在东汉时期发明了造纸术，殊不知古莎纸已先它存世三千年，蔡伦在造纸工艺上的革新创造，使造纸成功率更高，成本更低，才传播到世界各地，彻底地替代了古莎纸。

这些写在莎纸上的古埃及文字，走过几千年，来到我面前，色彩依旧，绘画精美，着实令人震撼！

博物馆里展示的莎草纸体现的是古埃及较晚期，约公元前 1550 年至前 50 年的新王国时期。导游重点介绍了那幅《亡灵书》上的冥界心脏称重仪式。用于称量死者心脏的天平用的是羽毛砝码，恶魔阿米特则在一旁等候着她的食物。古埃及人认为，人死后灵魂会到冥界接受审判。如果死者心脏比羽毛轻即为无罪，他（她）就可以复活，获得永生，并前往天国之地——芦苇原，而如果死者心脏比羽毛重，他（她）的灵魂则会被阿米特所吞噬。

## 木乃伊上的阴灵

导游随后领我们去看木乃伊。据说，整个埃及博物馆，有六千具木乃伊，但展厅只展出了两千具。导游边走边讲解木乃伊的制作过程。原来，尸体里的五脏六腑（除心脏外）已经被挖出，放在了一个有盖的石头罐子里，留下心脏是为了灵魂审判。

我不知道为什么，看到那些罐子，生理上非常不适，虽然罐子表面很精美，盖子上有雕像，我却几乎不敢让视线停留。

我们在一对皇亲国戚的木乃伊前驻足。男人叫尤亚（Yuya，约公元前 1424 年-约公元前 1374 年），是古埃及第十八王朝势力强大的大臣。他与当哈托尔（埃及女神）的歌星图玉(Thuya)结婚，他们的女儿泰伊成为了大王后。我低头看了一下图玉的木乃伊，突然一种悲哀的负能量袭来。这个感觉，在此后看到其他木乃伊，甚至儿童木乃伊时都没有过。我跟埃及同事说，我感到有些悲伤。同事回答，你很善良。

记得几年前，在蒙特利尔的博物馆有一次木乃伊展览，朋友带她尚未学会走路的婴儿走进博物馆，孩子一路安静，只在接近木乃伊展示厅时大哭起来，朋友怕影响别人，赶紧带她离开了那个厅，孩子又归于平静。难道，木乃伊身上有阴灵吗？

木乃伊的棺材很精美，有的套两三层。不同于中国棺材的三长两短，它根据人体形状做出弧度，棺内棺外都绘有精美的图画，并在顶盖绘有死者头像。导游说，普通人家都有一间房子放木乃伊棺，竖放。

**法老的宝藏**

埃及博物馆的镇馆之宝是图坦卡蒙墓出土的文物。图坦卡蒙 9 岁登基，死亡时年仅 19 岁。他是古埃及新王国时期第十八王朝的一位法老（大约公元前 1332 年－前 1323 年在位）。即位 3 年，就在多神教传统宗教祭司的操纵下，恢复了埃及传统宗教和法老统治，并把首都迁回底比斯。

图坦卡蒙被现代人熟知是因为他的坟墓在三千年的时间内从未被盗，直到 1922 年才由英国人霍华德·卡特发现，此后挖掘出近五千件珍贵陪葬品，震惊世界。由于最早进入他坟墓的人早死，被媒体渲染成“法老的诅咒”。

图坦卡蒙是意外死亡。在他的坟墓墙壁上刻着这么一句话：「我看见了昨天；我知道明天。」（I have seen yesterday, I know tomorrow）。

图坦卡蒙面具是世界上最著名的艺术品之一，也是古埃及的象征。它高 54 厘米（1.8 英尺），重量超过 10 公斤（22 磅），并饰有半宝石。展示图坦卡蒙珠宝首饰的房间不允许拍照。很难用语言描述那些首饰，只能感叹三千多年前人们的做工精致，与当前技术相比毫不逊色。

### 清醒的梦幻

导游走后，我们自行参观剩余展厅。在古老的雕塑、乐器、棋类、用具前频频赞叹，感慨知识和技术的断层和丢失。老公说，在中国文明刚开始时，埃及已经很发达了。这让我们感觉谦卑。我问同事哈桑，你为你的祖国文明骄傲吗？他答：是的。那你觉得埃及能重现辉煌吗？他回避地说：中国能。

在金字塔旁边崭新的大埃及博物馆已经建成，听说条件更好，当前未展出的四千具木乃伊将有机会展出。而且那里有空调，文物可以得到更好的保护。老公开玩笑说，有空调了，他们（木乃伊）可能愿意搬家。

晚上，听着老公的鼾声，我久久不能入睡，而且进入一种非常神奇的境界。眼睛一闭上，就出现布满繁星的苍穹，令我痴迷。这些星星在我睁开眼睛时也可以不消失，而且随我的意念招之即来。在苍穹下，一幕幕图片幻灯般推到我面前，上面闪现着各种图形文字，以及北极光一样五彩的光。时而出现河流与山川，我快速地通过地道……而这一切，都出现在我神志清醒中，我发誓，那不是做梦。

这些情景，在以后的日子里再也没有出现过，无论我怎么努力用意念去寻找。

## （七）埃及金字塔，我来了！

金字塔在数千年的时间里，是世界上最大的建筑物，它所应用的天文地理知识，令现代人惊叹。以前去墨西哥度假时，曾经参观过玛雅卡斯蒂略金字塔(建造于 11-13 世纪之间)，作为祭祀神庙，它的四面楼梯加顶端，刚好有 365 阶，代表着一年的每一天。而埃及金字塔，又比玛雅金字塔早建了三千年，且有更多奇妙之处。埃及大金字塔的四边精确地对准东西南北四个方向。塔址正好位于地球各大洲的引力中心。塔高乘以 10 亿恰好是地球到太阳的距离。底周长/(塔高x2)=圆周率(3.14159)……难怪有人猜它是外星人建在地球上的信号塔。埃及金字塔里的秘密，吸引着许许多多的探险考古者。

曾跟在埃及博物馆请的导游约好，第二天上午由他带我们看金字塔，然后在下午一点前送我们去火车站。导游问，你们要不要进到金字塔里面？我理所当然地答：进去。心想，来都来了，还能不进去看看？导游表示赞赏，并说，爬金字塔可不容易，但人一生中该爬一次。这时我心里才打起了鼓，自己多年前爬长城都爬不上去，爬金字塔能行吗？

导游说，参观金字塔要三个小时，咱们早点儿去，排队的人少，八点在你们酒店门口见。

凌晨四五点才睡去，七点半闹铃响时头重脚轻，没吃早餐，带上哈桑给的苹果和酸奶。坐车晃晃悠悠去吉萨金字塔，在路上就开始晕。

到达开罗老城西南约 20 公里外的沙漠中，我们远远地看到了金字塔。导游在车上开始介绍，金字塔是古埃及法老的坟墓，全埃及有 105 座，建于埃及第三王朝到十三王朝，后来由于盗墓猖獗，法老们选择了自然形成的金字塔形帝王谷，埋葬在了更隐蔽的地下。

我们看到的三座金字塔，是胡夫金字塔、卡夫拉金字塔和孟卡拉金字塔，建于古埃及“荣誉时代”的第四王朝。

下车前，导游提醒我们，不要理会兜售东西的小贩。司机去停车，导游和我先生去排队买票，我在售票窗口前的空地等待。才早晨 **8** 点，太阳怎么已经那么毒！几个旅游达人戴着草帽，穿着长袖轻薄衣衫。我遗憾自己准备不足，挪到房檐下仅有的阴凉里，免得被晒伤。

满眼都是人，比埃及博物馆多十倍的人！似乎各种肤色，各种语言，各种服饰的人都涌到了这里，里面也不乏同胞，可见金字塔在世界上受欢迎的程度。

买好票，导游在胡夫金字塔外等我们。他介绍说，你们到里面向上爬 100 米左右到顶，然后下降到墓穴，再上来，加油！

看着这个巨型建筑，外表的抛光石灰岩已经被掠夺者刮去，只剩下坑洼的大石，我的心情有点儿沉重。听说从外边爬金字塔非常危险，有不少人因此摔死，被认为是对法老的不尊重而受到的诅咒。

我和老公随人流爬上了金字塔入口外的台阶，离地有 10 多米高。穿过查票岗，进入一片阴凉的塔内。首先走过一段可直立的大走廊，然后看到那条高不足 1 米，宽大约 1 米，倾斜上升的通道，前面的人们弯腰曲背前行。正如导游提示过的，法老让每一个进去的人都对他鞠躬。想一想，当初那些修建陵墓的奴隶，和把法老棺材及随葬珍宝运进去的人，也必须弯腰负重前行，该是怎样的艰难啊？

这条通道上行下行共享，所以，游人在速度上互相影响。我看到下来的人满脸汗水，提前跟老公说好，上到哪儿算哪儿。

爬了一段儿，有点儿累，问老公，还爬吗？他说，再努把劲儿。

又过了一段儿，问回来的人，里面有什么？回答，空空的。

当然，墓里的东西早被盗墓贼偷走了，但总有些可看的吧，比如壁画？

继续往上爬，汗水越来越多，虽然有通气口，空气也渐感沉闷，恐怕是这么多人呼吸和汗水味难以散发造成的。

爬到离通道顶大概不到十米的地方，老公突然说，算了吧，咱们下去吧。我抬头看了看，有点儿遗憾。考虑到即便到顶还要下行，自己的腿儿已经在打颤，早晚都要放弃，就没说什么。转身往下，才发现真正的考验来了！

要蹲着下！这可比弯腰往上爬难多了。谁蹲过那么久呢？或许陕西农村的老乡来这里更有优势。一步一步蹲着走，等能直起腰来时，感觉腿已经不是自己的了（此后几天，腿疼异常，尤其下台阶时，得咬着牙才能挪动）。

飘着下的出口外面台阶，导游远远地给我们竖了个大拇指。待我们走近，他问感觉怎么样？我有点儿不好意思地说，没爬完。导游惊讶地问，爬到哪里？我说，没爬到最高点。他深深遗憾，为什么？再多爬一点儿你们可以就看到里面的庙了。

导游带我们在胡夫金字塔的周围走一走，太阳的热情奔放，让我不由得对小贩手里的草帽看了一眼，只一眼，就脱不了身了，直到讨价还价买了一顶戴在头上。

老公看到一个牵骆驼的人，想过去聊两句。这下可不得了了，那人过来就给老公裹上了围巾，让他摆各种姿势照相，照完相当然免不了要钱。

导游在前面走，不时地停下来等我们这两个掉队的人，尤其我掉队得厉害，倒不全是因为买东西或照相，更多的是体力越来越不济。我想可能是因为没吃早饭，就拿出背包里的苹果和酸奶吃了，慢吞吞地往前走，能跟上时有一搭没一搭地听导游讲金字塔的建造故事……造了二十年……尼罗河每年三个月洪水泛滥，这时人们做不了其他活，就被招去建金字塔……建造石料通过水路运……

金字塔的另一边，有许多非常瘦的骆驼。导游问，你们要不要骑骆驼去远处的金字塔？只需要一个小时。我和先生直摇头，不骑了，不骑了。我想，如果骑骆驼，过不了几分钟，我的身体就散架了。

导游指着金字塔前的三个小塔（和大金字塔相比，只能算土堆），告诉我们那是法老妻子和母亲的坟墓，金字塔里只埋法老自己，让我不禁为法老感到孤单。

坐上车，经过最佳摄影点拍了几张金字塔的照片，然后去参观不远处的狮身人面雕塑。同样的人潮汹涌和小贩成街。太阳更毒了！我撑着力不可支的身体，忍着恶心随人流向前走，这时开始意识到，恐怕是中暑了！

游客无法到达狮身人面雕像近旁，隔着一段距离也能感受到这个长 70 多米，高 20 多米的巨大雕像带来的震撼。脸型仿法老，戴国王头巾，额角上雕有眼镜蛇。鼻子和胡须已经脱落。狮身人面像是世界上最著名的雕像之一，但是有关于它的建造者以及建造时间均不得而知。

在它的背后，可以远远地看到金字塔。听导游说，法老的尸体，会在这里经过繁缛的手续制成木乃伊，放置三个月后，才运到金字塔里埋葬。

我没能好好地欣赏狮身人面雕塑,因为在和自己的身体顽强地做斗争，坚持着走出人群，离导游车不足十米时，终于忍不住了！紧跑几步到一个墙根，胃里的所有脱口而出，弯腰低头的功夫，草帽掉了，刚好落到上面。老公帮我擦掉溅到旅游鞋上的星星点点，草帽进了旁边的垃圾桶。

把在金字塔景点买的东西留下,甚至把在那里吃的东西也都留下，我只能带着记忆和感受，轻身上路。不知道这是何种缘分？

## （八）埃及神庙

在埃及旅行，必看景点除了金字塔和埃及博物馆，通常就是神庙了。神庙是古埃及人供奉保护神、树立法老威望的地方。朋友安排了四天游轮，从阿斯旺到卢克索，这是欣赏神庙的最佳路线。埃及神庙大多在两三千年前的托勒密时期建造，相当于中国的秦朝或更早，其精美的雕塑和雕刻的文字与壁画令人惊叹。

## 阿布辛贝神庙

早晨3点起床，乘小巴车去参观阿布神庙。车上遇到四位女士，她们来自印度、蒙古等国家，在二十多年前去荷兰留学相识，一直保持联系，这是她们四人第二次结伴旅行，一路甚欢，令人感叹她们的友谊之长久。

3个小时后，神庙到了，我们下车等地陪导游。当时正值假日，旅行社人手短缺，导游一个人负责接几个团，顾此失彼，经常迟到。四位女士中的一位颇为不满，言辞也不客气。她们不在时，导游悄悄问我们，是不是对他不高兴了？他惶恐的样子让我同情。其实和后来的导游相比，这个导游也许是人品最好的一个，估计那天他的辛苦没有在小费上得到体现，但也没有表示任何的不满。

阿布辛贝神庙建于公元前一千多年，是古埃及第十九王朝的法老拉美西斯(Ramesses)二世为显示当时埃及实力、震慑外敌而建。神庙离埃及南部和努比亚的边境线不远。外面耸立着四座法老不同年龄的雕像，面向一片清澈的水域。雕像小腿旁有些小神像，分别是他的母亲、妻子，还有他最喜欢的孩子们。里面的廊柱和墙壁上刻画着战争场景的浮雕，几千年来述说着拉美西斯二世的显赫战功。其中一幅壁画上可以看到骁勇善战的拉美西斯二世，还写着："我像火一样燃烧，像鹰一样飞翔，像狮子一样对付敌人，以一敌百万，砍下了他们的手。"这是拉美西斯二世神化了自己。真实的他并不像神庙壁画里那样好战，拉美西斯二世与赫梯签署的和平条约，是人类历史上第一个真正建立在平等基础上的和平条约，为埃及带来了空前的繁荣。

这个神庙内部尽头也有四座雕像，其中一座是拉美西斯二世自己，一座是冥神(Ptah)，另外两座是太阳神(Amun-Ra)和哈拉赫提神(Horakhty)。特别神奇的是，原本的神庙一年只在 2 月 22 日(拉美西斯二世的生日)和 10 月 22 日(拉美西斯二世的登基日)这两天，太阳光线穿过 67 米神庙内厅照到神像身上。而且太阳光只照在三座神像上，唯独把冥神留在黑暗中，让人不得不惊叹古埃及人的天文知识和计算能力。只可惜，为避免这座神庙遭遇水淹，二十世纪六十年代，联合国教科文组织请 51 个国家的工程专家对神庙进行了一次大搬迁。整座神庙被切割成一千多块，编上号，搬到人工垒起的山坡上重新安装起来。尽管专家们费尽心机，还是没有达到三千多年前匠人的水平,导致搬迁后的神像被太阳光照射的时间比原来晚了一天，而且向左偏移了半个神像。

在拉美西斯为自己修建的神庙旁边，还有一座为他的王后奈菲尔塔利(意为最美的女人)建造的小神庙。据说拉美西斯二世曾有 65 个后妃，150 多个孩子。奈菲尔塔利王后是他的最爱。在这座神庙里，王后的雕像和拉美西斯一样高，这在古埃及不常见。

回程中，人们在车上打起盹来，我继续盯着窗外的茫茫大漠，晒得发红的土地上，有些沙石堆，更多的是一棱一棱的沙浪，应该是风的作品。

终于回到游轮，我们慢慢离开阿斯旺。在游船顶部的观景台上，看着尼罗河边的树木和房屋，想着造物主的仁慈。尼罗河作为埃及的母亲河，每年 7-11 月洪水泛滥，在烈日大漠中，浇出两岸肥沃的黑土地。从距今 9000 多年前就养育着人和其他生物。

### 康翁波神庙

第二天一早，我们去参观康翁波神庙，这里同时供奉着鳄鱼神索贝克(Sobek)和鹰神荷鲁斯(Horus)，也被称为双神庙。一条中轴线把神庙分成互相对称的两部分，各供奉一个神。神庙有两个大门，从进大门开始，处处都有相关的鹰首神与鳄鱼神壁画，但左、右两边无论是建筑还是雕刻都自成体系，互不相干。门口用绳子围起来的、供奉祭牲的地方却只有一个，想必是共用。

古埃及人相信鳄鱼神 Sobek。当一位法老死去，祭司会下令制作鳄鱼木乃伊引导他到冥界之神面前。因此，古埃及有很多鳄鱼木乃伊，在康翁波神庙出口处，就有一个鳄鱼木乃伊博物馆。

鹰首神荷鲁斯(Horus)是埃及九大主神之一，象征着神圣的王权，历任法老都被看做“活着的鹰首神”。荷鲁斯的父亲被弟弟所杀。荷鲁斯打败自己的叔叔，获得了永久统治权。他和妻子哈索尔(Hathor)时常共同出现在法老的拜祭画面中。

康翁波神庙最大的特色在于留有石头榫接痕迹，和被奉为埃及建筑之神与医药之神的祭司印和阗(Imhotep)壁画。壁画上可以看到手术刀等器具，说明三千年前，埃及就有外科手术了。导游指给我们看刻画生育过程的浮雕，还有一个可探头望进去的、世界上最古老的手术室。祭祀受到古埃及人的敬重。如果我没有记错，就是在游览这座神庙时，导游说，神庙里有条地道，一边通往旁边的金山，一边通往尼罗河。为了保密，每个修地道的人工作半年就要被杀死，但他们的妻儿会被善待，孩子还可以做祭司，所以男人们为了家人会选择去那里工作。

**埃德富神庙**

乘船顺尼罗河继续北上到达埃德富市。我们乘马车去参观埃德富神庙，它又被称作荷鲁斯神庙。这座神庙比其他神庙相对完整，是因为在建成不久，就被一场大风沙覆盖。几千年长埋于沙土和淤泥之下，法国远征军于 1798 年才发现神庙塔门的顶部。1860 年，法国的埃及学家奥古斯特·马里埃特开始挖掘神庙。

据研究，这座神庙从公元前 237 年开始兴建(当时在位者为托勒密三世)。花了 180 年，到托勒密十二世时才完成。

高高的神庙塔门两侧，伫立着黑色花岗岩的荷鲁斯鹰雕塑，塔门上装有 4 个供插旗的凹槽。塔门墙身刻着托勒密十二世在鹰神荷鲁斯及女神哈索尔面前打败敌人的故事。神庙内的厅柱具有希腊风格。

外柱厅里 12 根雕刻精美的巨大石柱，象征着白天的 12 个小时，内柱厅也有 12 根类似石柱，象征着晚上的 12 个小时。圣室地面有巧妙的倾斜设计，使得法老能从里面看到外边所有大众。

在古埃及，这座神庙有着重要的宗教用途。内厅通往庙顶的楼梯墙壁上，刻有新年庆祝的情景——每逢古埃及的元旦，祭师会把荷鲁斯的神像抬到庙顶，让他的灵魂汲取太阳的能量。

但埃及沦为罗马的一个行省之后，皇帝迪奥多西一世奉基督教为国教，禁止其他偶像崇拜，很多神庙中的法老浮雕面孔被刮掉，天花板被纵火熏黑。好好的艺术精品就这样被损坏，令人扼腕痛惜！导游说，那时候的人们不知道这些东西很珍贵。我想，是人的分别心，不包容造成的愚蠢后果吧！

历史遗迹就像一本教课书，真希望那些引起国家和社会争端的大人物们，去看一看，跳开自己一时的利益，为人类整体想一想。文明的丢失，无非天灾人祸。人所能控制的，也只有自己。现代文明其实很脆弱，高深的知识和技能掌握在少数专业人员手里，大多数人不会发电，不会造电脑，不会搭建网络，连电视收音机都不会造。一旦大规模战争爆发，人类大批死亡，剩下的人恐怕又要回到最初的进化轮回里，用石头做工具，拿兽皮绑身吧。

游船继续北上，到达终点站卢克索。有人说“没到过卢克索，就不算到过埃及”。这里曾经是古埃及中王国和新王国的都城底比斯，被希腊人称为“百门之都”。以尼罗河为界，分西岸和东岸散布古迹。古埃及人认为，东方是生命的源泉，所以东岸建有神庙；而西方代表着往生之地，西岸自然成为墓地。

### 卡纳克神庙

我们要通过两排长达 300 米的狮身公羊石像组成的“公羊之路”进入神庙大门。人们大多知道埃及的狮身人面像，这里的狮身羊面又为啥?原来羊是阿蒙神最喜爱的动物，传说羊接受了神力，成为阿蒙神的化身。法老们雕刻狮身羊面像，是为了得到阿蒙神的庇护。

进入神庙，在约 5000 多平米的大柱厅里，16 行 134 根巨型石柱组成的石柱森林震撼人心!我问导游，法老建这些大石柱的意义是什么?他答不清楚，可能是让人感觉自己渺小吧。的确，在物质的重量下人会感觉精神压抑，也许正是崇拜的起点。

据说卡纳克神庙占地超过半个曼哈顿城区。我们只能跟导游挑拣几个不可错过的景点。

著名的方尖碑是其中一个。这是一座用粉色花岗岩雕刻的 11 米高石碑，上面刻着埃及唯一一位女法老哈特谢普苏特与阿蒙神关系的铭文。导游说，这个尖碑在古埃及，相当于指路明灯，人们可以从很远的地方看着它来朝拜。

圣池边的圆柱是另一个。一群人围着它转圈。圆柱顶上有圣甲虫(金龟子)的雕像。古埃及人认为金龟子将食物卷成球状并抱在怀中，是天球及重生的象征，因此尊它为造物主。导游说，只要逆时针绕着金龟子圆柱走七圈，心里的愿望就会实现。但我们的导游有点儿小坏，他还说，如果男人绕六圈就会得到第二个老婆。我打趣同行美国游客的妻子，看好你老公转几圈!

## 帝王谷

第二天，我们去西岸的帝王谷。埃及在第六王朝后期，随着古王国分裂和国王权力下降，加上盗墓猖獗，法老们不再建金字塔，而是找到和金字塔形状相近的深山开凿秘密地下陵墓。

埃及法老的墓地通常完不成。尽管法老一登基就开始修建自己的墓地，但只要活着，就想挖得更深，岩石洞被挖成地下宫殿。在墓穴通道里，墙壁和天花板上都刻满壁画和象形文字。一旦法老死亡，继任者就按当时墓地状态掩埋死者，不再完成。而是开始准备自己的墓地。

帝王谷埋葬着 64 位法老，墓穴入口往往开在半山腰，有通道通向墓穴深处。最大的第 19 王朝沙提一世之墓，从入口到最后的墓室，水平距离 210 米，垂直下降距离 45 米。我参观了两个帝王墓穴就失去了兴趣，倒是有些期待游览女法老哈特谢普苏特墓。

## 女法老墓

哈特谢普苏特是古埃及第十八王朝的女法老（公元1503 年-公元 1482 年在位），比武则天早了差不多一千年。她戴假胡子、穿男装，极少人见过她真实的相貌。

不同于其他法老挖洞，哈特谢普苏特把她的墓地设计成了依山的三层楼。柱廊以清亮纯净的色调和作为背景的悬崖相呼应，据称是古代建筑中和自然景观充分结合的典范。虽历经 3000 多年，大殿上的浮雕仍保存完整。廊柱和通廊，都配有极细腻的浮雕。哈特谢普苏特开创了古埃及一代盛世。在她执掌国政期间，停止了埃及对外战争，开始了与邻国商贸，使埃及变得十分繁华富庶。她还从其他国家进口了很多花草树木。

也许想到拉美西斯二世的 65 位后妃和 150 多个孩子，

有游客问导游，女法老有没有很多个丈夫?导游因此大讲特讲起一夫多妻制的合理性来。同行美国游客的妻子 15 岁就离开埃及去了美国，思想已完全美国化。当导游说希望自己可以有钱娶四个妻子(当前在埃及仍然合法)时，激怒了美国游客的妻子。她质问：你有足够的钱，但你有足够的体力吗?我本想缓和气氛，就说我爷爷也有过两个妻子。这让导游立刻长了精神，理直气壮地说，你看，中国也是这样的。我赶快解释，那是过去，现在中国是一夫一妻制。再说，我两个奶奶都不开心，我奶奶至死不能原谅我爷爷。这一下，美国游客的妻子又长了气势，她说：你看，我说的吧?一个女人怎么能容忍和其他女人分享丈夫？这两个人吵啊吵，脸儿都黑了。最后，估计那个导游没得到美国游客的小费，他娶四个妻子的理想又得晚几天实现了!

旅途中,能见到形形色色的人,和自己的思想观念碰撞。也许各种见解或固执的背后，有生存环境的影响，也有自身或家族创伤和欲望在潜意识中作祟。

女王哈特谢普苏特得到无上的权力,依然走不出男尊女卑世界的束缚,但那颗爱和平的心引导她为社会做出了不同的贡献。世界在进步，希望更多有智慧的女总统脱颖而出，还世界长久和平，也希望所有女人都能得到平等和尊重。

## （九）一半是沙漠，一半是海水

卢克索游完之后，我们的旅行还剩几天时间，原计划回开罗和当地同事再聚，但我听说红海的水特别清，就和老公软磨硬泡，非要去那里。他只好退了回开罗的机票，临时联系旅行社租车去。其实也有长途公共汽车走这趟路线，但我们时间有限，很怕闪失，还是提前一天安排了出租车(作为外国人租车，护照需要提前一天递交审查)。

沿途满是壮观的沙漠风光，虽然没有想象中撒哈拉大沙漠白沙起伏的柔美，却领略到了大自然鬼斧神工的另一种景象，高山和沙漠的变幻，我一路不眨眼地欣赏。

6 个小时后进入赫尔格达市区，红海度假村的美，远超古巴、墨西哥、牙买加、多米尼加等加勒比海地区，让我的眼睛发亮。

我们入住的是日出水晶海湾度假村(Sunrise Crystal Bay Resort)。只有两个晚上的时间。我提前查了攻略，第二天想去坐玻璃船潜水。

在老公办理入住手续时，我去找玻璃船游览项目。一般度假酒店都有旅行社的人招揽游客。在埃及几天的旅行，让我突然对讨价还价有了感觉，想跟旅行社的人试一试，果然有惊喜！观光项目也能讲下来 1/3，我都不好意思再往下降了。后来了解到，红海地区的价位比阿斯旺和卢克索的价格实在，讲价空间不是那么大。

因为玻璃船潜水比较热门，旅行社第二天的船已经满员，我们只订到第三天上午(下午要乘大巴回开罗)的船票，那么第二天就去沙漠越野吧。

订好一切，我们直奔自助餐厅。饭菜之丰盈，超过墨西哥，古巴就更不要比了。也许是赶上埃及假日，或者这个酒店本来就是埃及本地人喜欢去的，我和老公两个人显得鹤立鸡群，被问是不是埃及朋友带去的。所有的人都对我们很友好。饭菜也对口味。尤其是吃饱饭在度假村里闲逛时，看到那连成片的泳池，在夜晚灯光中大放异彩，直呼圣诞度假又有一个好去处了。

晚上盯着歌舞演出，白天去沙滩躺在椅子上看书。这家酒店的沙滩布置很私密。唯一缺陷是沙子质量不够好。听说，有些老酒店沙滩好又便宜，下次去的话，会注意这一点。

## 沙漠越野

我订的越野项目使用三种车。先开沙漠四轮摩托车。每个人头上都裹好提前准备的头巾，戴上墨镜和头盔。一组十几、二十辆车，排成队形由导游带路。很多个小组在同一沙漠中穿梭。摄影小伙子耍特技一样边开摩托车边给游客们照相。

第二个项目是四轮驱动小敞篷车。我开始有点儿紧张，随后发现驾驶很容易，人也越来越豪气。道路颠簸，身体在沙漠里颤抖，如此刺激，不时让我狂笑。

第三个项目是乘吉普车到一个山里人家去，他家周围没有邻居。这段路远，是司机开车，车上坐着俄罗斯、法国来的游客和我们。听说这家男主人有几个老婆，他的孩子们都不上学，在家里帮忙接待游客。男主人定期一个人到城里去买生活用品。我们到他家时，几个孩子牵着骆驼，让游客骑上去。我们也体验了几分钟骑骆驼的感觉。一个女人在烙饼，分给游客吃，还有一个小婴儿躺在布兜里，从房梁上垂下来一个挂勾挂着布兜，布兜外露出两个小脚丫，婴儿睡得正香。男主人织布给游客看，也卖他家的织物。这就是他们的生活，远离城市、靠游客为生的日子。

那天贝都因人部落的演出和晚餐差强人意。也许是旋转舞和肚皮舞在游船上欣赏过，耍火棒在老城看过，没有新奇的感觉了。我又对烤肉不感兴趣。如果游客不考虑项目中的这个部分，可能会有更便宜的选择。

## 玻璃船

红海，我来啦!

这片形状狭长的海域，夹在非洲东北部和阿拉伯半岛之间，长约 2000 多公里，最大宽度 306 公里，是欧洲、亚洲间非常重要的交通航道。红海的名字由来有几种说法，一种是因为海里有许多颜色鲜艳的贝壳，使水色发红；一种说沿海地带有黄中带红的珊瑚沙，使得海水变红，还有一种说法是表层海水中大量繁殖着红色海藻，使海水呈现微红色。但我没有注意到海水的红，只为它无法言喻的纯净而去!

随着玻璃船出海，离岸不远就潜到水下去了。船的下半部分四周都是玻璃，可以透过它清楚地欣赏珊瑚群和各种颜色的海鱼。喜欢潜水的游客，还可以到水里更近距离去观赏。我只在船舱里，就被大海的美深深地吸引住了，目不转睛地看，像一个孩子般地认真和快乐。

导游可能是在船边撒食，鱼儿一群群地在玻璃船边游过。珊瑚像森林，在白色的沙滩上长出来，鱼儿在其中穿梭。小鱼成群结队，大鱼略显孤傲。有时，我也会看到一两条掉队的小鱼，不知道它们在想什么?

这段海域水不深，太阳光透过水层，照耀在海底生物上。有的鱼身上是横纹，有的是竖纹。有的鱼身上闪着银光，有的鱼儿黄黑相间，还有的鱼儿全身蓝色。构成一个五彩斑斓的世界!

和谐，是我对这块海域所有生物的感觉，无论大鱼还是小鱼，它们没有追逐和厮杀。也许因为导游撒了足够的食物，让这群鱼可以安心地表演给游客它们的优雅。但也只是猜测而已。希望鱼儿没有人类世界的比较、贪婪和压力，满足于吃饱和平安的状态。

摄影师潜到水里，给所有的游客照相，还有那些潜水的游客，他们都成为和谐的一部分。

## （十）再见开罗

乘坐大巴回开罗，路上发水和食物，我还在中间停靠的一站买了当地美食，只为品尝。回到开罗已是深夜。老公叫了 Uber，但车迟迟不到。埃及 Uber 司机经常让客人取消叫的车，另收现金以便省去交给 Uber 公司的费用。汽车站的工作人员好心帮助我们叫到出租车去酒店。

第二天，同事哈桑陪我们在开罗玩儿最后一天。我给他的第一个要求就是去中餐馆，好多天没吃中餐了，必须祭一下中国胃!这家餐馆叫聚香缘，从很脏的侧楼道走进去，里面装饰也破旧，服务员是个漂亮的埃及女孩儿，说一口流利中文。饭菜倒是真的好吃(应该不是我馋中餐太久的原因吧)。

哈桑在饮食上比较保守，从没吃过中餐。但他陪我们吃了这一顿，立刻喜欢上了，说改日要带太太去吃。我们也算为中国食文化在埃及的传播贡献了一点儿力量。同时我想到，信任真是能让人打开壁垒，无论在什么方面。

饭后，因为天太热，哈桑选择了一个凉爽的地方--埃及文明博物馆。他的这个选择非常明智，不知道有多少游客会忽略了它。

埃及文明博物馆设计外观很现代，里面的展品按不同年代讲述了埃及的发展变化。博物馆面积不是很大，游客也不是特别多，可以细读展品旁边的说明。这个博物馆收藏着埃及大多数法老的木乃伊，让人印象深刻。如果有机会去埃及，建议不要忘了去这个地方。

另一个不能遗忘的地方，就是开罗的哈利利(Khan El-Khalili)市场。曾读到网上的游客告诫：千万别去，全是骗子。但我要说，不去这里，就损失了一个难得的观察机会。这个大市场是开罗日常生活的缩影和各式商品的集散地。首饰、成衣、家电、五金、木工、蔬菜、肉摊等等，在那里散步感受一下开罗大都会的夜生活是非常值得的。

哈桑带我们走进市场，街道很窄，人头攒动，琳琅满目的商品和阿斯旺市场不可同日而语。我们在一家小店的座位上坐下来喝饮料，扫视了一眼墙上的照片，都是名人，可见这个地方是多么受欢迎，赶上蒙特利尔席琳狄翁入股的烤肉店了。一个游动商贩手臂上挂着几条毯子在人群中叫卖，跟我们缠磨了好一阵子。我们也曾走过匠人现场制作纪念品的店，其实他身后店里的东西未必都是手工打造的，也就做做样子吧，工业化生产成本低多了。这条街上有些店铺质量很好，哈桑送给我们的一帆风顺纪念船，就是从那里的一家店里订的。他带我们去店里时，指着货架上各种商品，说订了其中一个给我们做礼物，让我猜会是哪个?居然让我猜对了，可见这是一份特别走心的礼物。

但这条街上很多商品是哄游客的，我们自己买的两个纪念盘，回家后就发现看起来廉价(实际也没花几个钱),被扔在一边了。

# 一波三折的圣诞旅行

平安夜，本应在古巴度假村喝着椰汁鸡尾酒，享受着丰盛的圣诞大餐，我们却还在家团团围坐吃火锅，然后一起窝在沙发上看电影。孩子们去睡觉了，老公喊：我们明天的飞机延迟了！我问：延迟多久？答：1 个半小时。

老天！明天又有什么经历在等待我们？

昨天晚上，在我准备今早 6 点的行装时，突然发现儿子的护照不见了！老公跟朋友出去吃饭还没回家。我翻遍了常放护照的抽屉，儿子的书桌，他所有的包和口袋，还有车的储物箱，哪里都没有！

儿子自己也翻了一遍，说前些日子办医疗卡用过护照，担心自己扔信封时不小心扔了。女儿也帮着找了一遍，杳无踪迹。

我给老公发短信：你快回来吧！我找不到儿子的护照了！收到回复：别着急，马上。

儿子问：我还需要装行李吗？我反问他：如果你去不成古巴了，会遗憾吗？他说：有点儿。

老公回来后，开始和儿子回忆是哪天用的护照？有可能会放到哪里？然后问我：车里都翻找了？我强压烦躁说：该翻的地方都翻了！

儿子站在那里，不知所措。老公说：要不我留下和儿子滑雪去，你俩去古巴，也不错。我心里突然紧张起来，对老公习惯性依赖的我，想到他不去了，有点儿慌神，但忍住没说。

儿子在查紧急补办护照的可能性，发现护照办公室周末不办公，圣诞更不办公，最早办下来也得 28 号，我们还未必符合紧急办理的条件。

过了一会儿，老公让儿子去收拾行李，说不定没有护照也能被放行。他把儿子的出生证找出来，儿子也找出他的工卡，甚至还有打预防针的小本子。说多带一个证件总是好的，还满心期待：没准海关的人有圣诞精神，让过呢！

大家这一番折腾，已经接近 12 点，3 个小时后要去机场，孩子们睡了。老公突然跟我说：如果儿子过不了海关，咱们全家去佛罗里达吧，去美国不用护照。

我说这个好。他开始查机票，结果没有直航飞机。我说：咱开房车去吧！老公说：开皮卡车去也行啊。

我突然高兴起来，老公去跟儿子说这个备选方案，让他安心些。

我们睡下了。临睡前，我在心里求了大慈大悲观世音菩萨很多遍，希望她能帮助儿子在机场被放行！

3 点钟铃声响起。我们怀着忐忑的心情拉上行李去机场。路上，有两次旋风，把雪刮得白茫茫一片，几乎看不清前面的路。

到了机场 Sunwing 柜台去问，被告知，不可以！这下没侥幸的可能了！

我们打算先回家补觉，再开车去佛罗里达。女儿开始查看天气和路线，告诉我们：美国东部暴风雪，很多高速封了，城市停电，而且暴风雪是向南发展，如果我们去佛罗里达，基本是跟着暴风雪走。

这怎么办？我说：不行咱去魁北克城，不是有室内水上乐园吗？老公也打气：对，咱去住古堡酒店。

到家后，女儿给我看她手机上的图片。真是奇了，魁北克城被淹了，大街上满地水！

我说：泰坦尼克号当时有些人因为各种原因没走成，救了他们的命。

上床睡觉，大约早晨 9 点，早起的老公说：儿子的护照找到了，在车的座位旁边缝隙里！

我深感内疚：怎么没找得更仔细些？还说该找的地方都找了！

儿子听说爸爸在车里找到了他的护照，突然想起来，那天他去办医疗卡，回来时护照掉到座位边的缝里，他想下车时拿，结果忘了。

老公开始联系 Sunwing 改签，结果后边几天的都满员。查看 Air Transat，还有 5 张票，第二天下午 3 点的，问我买不买？我说：买！

老公开始订票，两分钟的功夫，5 张票变成了 3 张！他说：先订你们仨的，我晚一天去。我说：也好。第一张票订的是儿子的，$700，订我和女儿的票时，票价变成了$900。

然后，又出现票了，但票价是$1500。老公说：我还是跟你们一起去吧，贵点就贵点！

订好票，我们收到确认的邮件，才知道，老公的票是头等舱，我和女儿的是商务舱，只有儿子的票是经济舱！

无论如何，可以同行了！

我感叹地对老公说：经过这件事，考验了我们家。很高兴全家没人抱怨和责怪。也显示了你作为一家之主的担当，不放弃！我想这份坚持不放弃的特质，是你生意成功的重要原因。老公答：你感悟的对，重要的是团队里相互包容，遇到问题不抱怨，这很重要，我也很欣慰我们家的表现。

借此机会，我把感想跟女儿分享了，让女儿跟爸爸学着点儿，遇到困难不轻易放弃。然后走进儿子的房间，他正趴在床上打手机游戏，我趴到儿子身边问：今天这事儿你有什么反省？他有点儿惭愧地说：重要的东西要放好！我说：对，放回原处。还有重要的事要立刻行动，否则就忘记了。随后我把全家团结和爸爸的不放弃分享给了他。

既然订好了第二天的行程，全家都安心了，正好一起和婆婆过圣诞夜，就准备了火锅，一家人其乐融融。

中午吃了婆婆包的饺子。高高兴兴地第二次去机场。顺利地拿到登机牌，把一个箱子托运了，然后过海关，到登机口等待。

大约十分钟后，一个广播把我们的心情再次打入谷底：今天的航班取消，延期到第二天下午。原因是飞机不足。

我们面面相觑地苦笑。然后泄气地穿过长廊，排队出海关，取行李。我说：奶奶这次选择不跟我们去古巴做对了，否则不知道她得多叨叨。老公说：奶奶看我们又回去，一定会说去不了别去了。儿子说：要么我们回去后，姐姐在我们这边住一晚上算了，不让奶奶知道（平时女儿陪奶奶在同一公寓楼的另一套住，跟我们相邻），我笑：那奶奶到我们这边拿东西，突然见到我们，不怪我们骗她吗？女儿的脑洞最大：干脆我们把时间调回一天，说今天还是平安夜，让奶奶觉得自己是做梦呢。我笑说：对，咱就说没吃过饺子，咱今晚还准备火锅。老公说：打住吧，奶奶本来挺清醒一个人，别被你们整成老年痴呆了！所有人都哈哈大笑。

到了家，老公先去婆婆那边报备。一会儿，婆婆来我们这边，她说：看这雾大的，明天你们也走不成。我说：您可别这么说，不能说点儿吉利话吗？她说：本来就是嘛，去不了就别去了。

怎么可能就这样放弃呢？我们还是一切按照第二天出发准备着……

## 考验耐心和执着

12 月 26 号上午，我问老公：我们今天 12 点离开家去机场吧？他说：我没有告诉你吗？今早收到邮件，飞机又延到下午 5 点半了。

下午 2 点 10 分，我们从家里出发，这次老公不自己开车了，叫了 Uber。我想应该是个好征兆，铁定能顺利启程了。司机是一个海地来的小伙儿，老公轻松地跟他聊起天来。他还提醒我们在沙滩上注意海蛰（Jellyfish），说它有毒性，但也是它吃掉大海里的污染物，那些可食用的鱼才平安存活。得知他是学音乐的，老公在网上找到了他创作的乐曲。大家在车上听了一阵子。音乐不合我的口味，但不影响我欢快的心情。

2 点 40 分到机场，我们去自助机器上换登机牌。奇怪，怎么都做不成！找到 Air Transat 柜台，被告知：飞机 3 点准时起飞，2 点半已经关闭值机手续。意思是我们晚到了，错过登机了！

这可真邪门！飞机正点起飞，为什么我们早晨收到了飞机延期的邮件？机场人员说：是 Air Transat 搞错了！

因为还有 15 分钟飞机才起飞，我们央求她放我们进去，说可以跑着过海关，人家没一点儿通融：No，你们可以查看当天其他航班。

全家苦笑，老公说：这是考验我们的耐心呢！他查手机看到 Sunwing 当天有飞古巴的飞机，全家转到 Sunwing 柜台。那里站着两个飞行员，是去古巴工作的，同样因为航班的延误在着急。

大约半个小时后，两个飞行员得到了厕所旁边的工作人员座位，可我们没人理。我把这个经历告诉朋友，她支招：你们要求跟飞行员一起走啊，哪怕站着呢！

可惜我们没有这特权，飞机更没有站座。只好打客服电话。一个小时的电话等候，得到 Sunwing 没位子的结果，但

Air Transat 给我们改签到 27 号下午 3 点，说是为没赶上飞机的旅客特意留了 15 个座位，这时我们产生了怀疑：错发邮件是不是故意的？以便分散取消的航班上的乘客，但也毫无办法。

我们再次拉起行李回家，回程 Uber 司机是位老先生，我打开车门时，他热情地说了一句：欢迎来到蒙特利尔！我没心情跟他解释，只简单说了声：谢谢！一路上，爱聊天的老公也和司机没了话。

我们几个猜测婆婆看见我们又回去的反应，结果她的电话打过来问：你们过海关了吗？老公用家乡话回答：过一会儿就到家了，人家飞机飞走了！婆婆在那边也无奈：这事儿闹的！大家都哈哈大笑。

我说：回家后我要喝冰可乐！女儿说：我要找朋友去酒吧喝酒！老公说：家里有以前从古巴买回来的朗姆酒，咱加上可乐喝，假装在古巴！只有儿子沉静不语。

没心思做晚饭，我建议去单位聚餐过的意大利餐馆，老公理解成了另一家法式餐厅，打电话订了位。当坐上车，我看到方向越来越不对时，才发现误会了。真是奇了个怪！连订饭店也能出错。老公怕我不开心，立刻取消预定，掉头去我想去的餐馆。结果我们在饭店等了一个小时。要在平时，老公是决然不等的，这次也耐心地等了起来。

晚饭后，我说不如网上换登机牌吧？15 个位子肯定不足，早确定位子早安心。老公和我一人一个手机开始做。成功地把三个人的手续完成了，可处理到女儿的票时出了岔子，无论试多少次，就是完不成！我心想：坏了，别是位子不足了吧？女儿说：到这份上，我要去不了就在家陪奶奶。此时我的热情也消失殆尽，心想如果飞机没有女儿的位子，我也不去了。老公给 Air transat 打电话，得知只能去机场查问。

27 号一早 8 点多，老公和女儿开车到机场，又被告知换登机牌需在飞机起飞前的四个小时之内，他们去得太早了，什么也不能做。

10 点 40，我们四人再次开车前往机场。儿子说：这是我们第四次去机场，爸爸和姐姐的第五次了吧？老公问：万一今天走不了，还改不改签明天？我说：不去了！老公说：别啊，明天去还能玩儿两天呢。我们要学学昨晚上看的电影《万里归途》，遇事不能泄气，这会影响别人的情绪。老公真是我们的定海神针！

11 点 08 分到机场，我们在自助机器上换登机牌，感谢老天爷！四个人的登机牌都拿到了！虽然我到和女儿买的商务舱位，但得到的经济舱座。谁还介意这个呢！

第二次过海关，来到候机厅，老公去跟机场人员聊天。他回来告诉我："飞机还没到。我问机场人员今天飞机能不能正常起飞时，对方没说话，只是把两个手指交叉。"老公比划着希望好运的手势，"那人还问我：这是你第几天了？我笑答：第四天。他大惊：你还能笑得出来？"

下午 4 点钟，飞机终于起飞！

想起这几天的经历，一步错，步步错的连锁反应，也让我感慨人生。如果是重大关口，有时一步赶不上，命运真可能发生巨大变化，就像我家错过大学机会的三姐，落在农村，连子女都要承受更多艰辛。

但只要不放弃，终究会达到目的地！

四个小时后，我们的飞机平安降落在古巴 Varadero 机场。全家都松了一口气。儿子在入境卡上诚实地填写了咳嗽，真担心他被拉去隔离，但海关人员连看都没看，就让我们过关了。取行李时遇到了延迟。让我不由自主地想：莫非行李又丢了？老公问我：托运的行李里都有哪些东西？女儿问：我们在机场等多久等不到就放弃？

行李最终出来了。叫车到预定酒店的路上，外边已是漆黑一片。到达酒店，很难得的是还给我们保留着房间，知足了。乘电梯时遇到一个中国人，他从渥太华来。问他对这个酒店的感觉。答案是："在古巴，就这水平，别期望太高了。"

虽然做了思想准备，进到房间还是失望了。 5 星级酒店，房间看起来最多 3 星。我和女儿的房间一个台灯不亮，Wifi 信号弱到只有落地窗边才上得去网，床上用品很潮。自助餐厅已关门，到酒吧喝了两杯酒，吃个三明治，在又累又困中，回房间睡觉了。

第二天一早，窗外蓝天白云、大海、沙滩和椰子树，我在阳台兴奋地拍照，发给这几天一直跟我担惊受怕的朋友。

吃早餐时才知道，老公和儿子的房间居然漏水到床上。他打电话给服务台，对方主动讲：给你们换房间！原来他们安排错了！我们订的高级间，给的是普通间。这也能错？

老公和女儿去办理换房手续，我们从一楼搬到了五楼，才知道待遇大不同。手环从蓝色换成了黄色，沙滩有单独划出的区域，还有单独的早餐厅，重要的是房间地板和墙壁装修有明显变化，床铺更舒服了，连毯子也厚了些。美中不足的是，水龙头的水量不如旧房间。

五楼的服务台推荐预定晚上的餐厅，我们选择了日餐，定在晚上 7 点半。

至此，这个旅程的曲折到头了吧？物极必反，我想，一定有什么美好的经历在后边等着我们……

## 12 月 28 号 晴转零星小雨 游哈瓦那

一周的度假只剩下三天，女儿说：咱们就只在酒店沙滩呆着了吧？

我还是希望花时间带他们去首都哈瓦那。前两次来古巴时儿子只有两三岁，完全没有印象。趁这次机会，我想尽量让他们把古巴这本书多读两页。

上午 10 点左右，在酒店门口让门童安排了一辆出租车去哈瓦那。等车的功夫，女儿跟 Sunwing 预定了第二天的一日游活动。

黄色出租车到了，司机是一位微胖的中年男士，上身穿了一件浅黄色短袖衫，下身着一条蓝色长裤。英语程度一般般，沟通多半可以理解，偶尔需要借助女儿翻译成西班牙语。老公问他去哈瓦那出租车费多少钱？答：“加币$180，美金$160。”

按照美金兑加币 1.3 的汇率，美金的价格明显高了啊？老公有疑问，司机说：这是公司制定的价格。后来我从网上了解到，古巴有一个 10%的美元仇恨税！所以建议到古巴游玩的朋友，一定要带加币，带加币，带加币！Sunwing 安排的活动可以用卡，但自己安排的活动还是现金为王。

路上俩小时，老公和司机有一搭没一搭地聊。

“出租车是你自己的，还是公司的？”

司机：“公司的，也是政府的。你看车牌左侧带一点儿蓝色，就证明是政府车辆。如果车牌全白，是私家车。”

“你每个月交公司多少钱？

司机：“全部上交，我挣工资，每个月 6 千比索（Peso）。”

“合多少美金？

司机：“按政府兑换价，一美金换 100 比索，但黑市上一美金换 170 比索。”

“你每周工作几天？”

司机：“我每工作两天，就休息两天。我休息时，车不闲着，我妹妹开。”

“你身上这个短袖衫花多少钱买的？”

司机：“公司发的制服，裤子也是。公司购买这一身差不多花 150 比索。”

“你们每个月买食物能花多少钱？”

司机：“政府低价供应每人每月 7 升米，油，盐，糖，只需 80 比索。不够的话去市场买，就贵多了。”

“你住的房子是自己买的吗？”

司机："是的，附近城市的公寓房，花差不多 3 万美金买的。"

记得 15 年前，我们第一次来古巴时，老公和酒店的一个黑人保安聊天。他叫 Frank，原是英语老师。那时做酒店保安一个月挣十几美金，他说买一个公寓要 5 千美金，买不起，看来房价这些年也长了不少。

想起保安 Frank，他悲催的经历又出现在脑海。他曾经告诉我们，他在村子里的房子是自己盖的，花了 5 百美金。但被台风吹倒了，重盖后房子又被火烧了，第三次他没钱盖新房子，只好在烧坏的房子基础上修，有钱就修一点儿。

Frank 在老公的请求下带我们去了趟他家，那里离酒店差不多一个小时的车程。那天他妻子和八九岁的继女在家等我们，还有一屋子亲戚。他们准备了丰盛的饭菜，我老公尤其念念不忘他家的猪肉闷米饭，那个香啊！亲戚们有帮忙的也有来看中国人的，估计古巴村里很少接待外国人，所以很隆重。我抱着当时一岁多的儿子，拉着四五岁的女儿去看村子里的牛。

Frank 带我们看他整齐干净的后院。虽然没钱装修房子，有些地方还带着烧焦的黑色，但不阻碍他和妻子对生活的热爱。后院那些花，Frank 讲起来如数家珍。

我们离开保安 Frank 家的时候，把身上仅有的五六十美元都给了他。如果多带一些，也会多给他的，虽然那时，我们自己的条件也没有多好。旅行准备的现金不多。

言归正传，老公这次又想去参观出租车司机家，但没有上次幸运。司机说他妻子是儿童医生，在上班。这几天有一个重大车祸，死了6个人，伤了3个孩子，他妻子一直在医院抢救。老公问到他妻子的工资，司机答6千5百比索。

在驶进哈瓦那之前，我们饿了，直接开车去了哈瓦那城外的一家餐馆。它的门很小，但进去后有一个开阔的院子，乐队在演奏。门前停着很多车，看来是个当地著名的餐馆。因为当时没座位，让我们等候15分钟，司机就开车拉我们穿过附近的军事基地，去看坡上一个高高的耶稣雕像。那个巨大的雕塑，每一部分都是在罗马建造，而且得到过教皇祈福。用老公的话说：是开过光的。站在耶稣雕像前，正好远眺对面的哈瓦那城。

回到餐馆，老公邀司机跟我们一起吃饭。饭比较贵（和当地消费水平相比），两人份的牛肉，虾，龙虾和鸡肉拼盘，加米饭和汤，要37美金。我家要了两份，司机自己要的鱼，他说，古巴最好吃的是烤整猪，而且这猪必须是野生吃椰枣的，里面含椰子油，猪肉才特别香，酒店里的猪肉不行，这让我们再次想起了保安Frank家的猪肉。

饭后，司机带我们进城先看了革命纪念碑，然后到海明威喝过酒的著名小酒馆La Florida。酒馆很小，粉色外墙，店名旁边有海明威的签名。背景是一座破破烂烂的建筑。我只在门前照张相，就离开了。

继续前行，路边欧式建筑斑驳的色彩向我们诉说着这座城市曾经的辉煌和如今的贫瘠。开到老城，司机停下车，指给我们去著名大教堂和博物馆的方向，“如果有人推销雪茄和换钱不要理。”他告诫我们。

很快找到大教堂，它看起来很宏伟但有老旧的感觉。此时，从旁边一条小街传来的音乐声吸引了我们。“好像哪里在开 Party。”我的话音刚落，身穿艳丽服装的街头表演小队就从街口出现了。一个带着面具，贴了夸张大屁股女孩儿欢快地扭在前面。两个男人踩着一人高的高跷紧随其后，对面是一个男人吹着喇叭和三个男人敲着鼓走过来，旁边还有穿着白雪公主裙的女孩儿拿着说不清是什么的容器，边舞边向观众收钱。

突然，队伍外边的一个小男孩儿随着鼓点跳起来。他大概七八岁，穿着一件红色长袖上衣，八分牛仔裤，一双旅游鞋。皮肤黝黑，应该是当地孩子。他看我们拿手机照他，越发做着鬼脸跳起来。他的古巴舞步娴熟，欢快。跳完还给我们行了个礼。

回酒店的路上，老公买了雪茄和一个木头雕刻的老爷车。说起老爷车，在古巴也是一景。那些车色泽鲜艳，引得我频频感叹，女儿尤其喜欢粉色的一款敞篷车。老公说：车一直修就可以一直开。在古巴，汽车的价格是两三万美元，所以普通人都买不起，很像中国上世纪八十年代。

到酒店，老公给了司机两百美金，没让他找零。司机惊讶了一下，激动地过去给了老公一个拥抱。老公说：下次我来了！去你家吃烤猪肉。司机猛点头，目送我们进入大堂。

晚上，我睡在床上，回想起海明威的小酒馆。可惜时空交错，我只能在酒馆前照相缅怀伟人。如果时光可以倒流，让我在小酒馆遇到海明威的话，会不会跟他喝上一杯，再聊聊人生和文学的感悟？我老公呢，他们会不会聊聊钓鱼和美酒？

女儿看我对海明威的热情，问：你是不是看了海明威的很多书？儿子有点儿遗憾博物馆关门了。加上他们一路所见所闻，我想没白带他们去哈瓦那。

## 12 月 29 号 多云 鳄鱼养殖场

这天一早坐上 Sunwing 的大巴车，开往古巴岛的另一侧，途中看天上云展云舒，地上风景变换，同时听导游介绍。导游是个大约 50 岁左右，个子不高，有着典型古巴肤色的当地人，脸型像亚洲人。我跟老公悄悄说：他长得真像表哥。老公把这话传给了导游，他回答："这就是古巴！。"导游说他曾祖父娶了个西班牙人，祖母又嫁给了个中国人，几次混血之后，他就成了很多人的表哥。"表哥"尽心地讲古巴的故事，儿子听得津津有味，我也听出了导游对古巴的自豪和对美国的不满，心想：每个导游都给古巴政府做宣传呢。

经过 4 个小时的旅行，车停下来，换成游船去印第安人村。那个村子在一个小岛上，印地安人早期的农事，打猎，游乐等活动被做成雕塑，供人参观。还有一个印第安人小屋，里面有人演奏乐器，给游人脸上画油彩祈福。在这个景点还可以品尝鳄鱼肉。

乘船回到大巴停车处，我们参观了鳄鱼养殖场。穿过小鳄鱼池，视野中出现几十条大鳄鱼。它们趴在湖岸上，闭着眼睛，一动不动，有一条还张着大嘴，“真鳄鱼能张嘴这么久不动吗？”老公和女儿说可能这又是雕塑。

正当我也开始怀疑时，不远处有人发出怪叫声，一条鳄鱼醒来，更多的鳄鱼开始爬，是哪个莽撞的游客惊了鳄鱼们的清梦？不是，原来饲养员带来了鳄鱼们爱吃的牛肉，用竹竿挑着，逗弄它们去叼，来娱乐游客的。

那只张大嘴巴的鳄鱼仍在呼呼大睡，这次我看清楚了，它的脖子底下喉结处微微颤动，说明是活的。另一条鳄鱼瞪大眼睛看我，我们互相对视了很久，它在想什么？

下一站是潜水。在这个地方潜水不需要乘船，下水就可看到鱼。一个十来岁的孩子往水里扔了半块面包，引来一堆黄黑相间的小海鱼抢吃，让我在岸上也欣赏了一次海鱼。

老公和孩子们潜水观鱼的功夫，我和相临沙滩椅上的一位白人女士闲聊，她从温哥华去的。女士问我：这是你们旅行第几天？

“第二天，但我们在古巴的度假只有三天，”我给她讲了起飞前的经历，接着说：“波折还没完呢。昨天早晨我们在酒店的日本餐厅订了位，晚上去吃饭时名单上居然没我们的名！”她替我说：“经历了那么多磨难，谁还介意多这个错呢！”我大笑：“的确。我们最终还是进到餐厅了，只是饭菜不敢恭维。”

潜水之后，我们踏上回程，途径高速边一个村庄的小市场，导游和游客买了些水果。几个当地孩子向游客要钱，我后悔没带零钱。

回到酒店，老公和孩子们都累了。我独自等酒店的演出。看古巴表演是我来古巴的目的之一。十几年前第一次来古巴时，我就被当地舞蹈惊艳了。当时孩子们小，等不到演出就要睡觉，为陪他们我错过不少机会。这次打定主意任性看舞蹈。

9 点 50 分，我坐到了剧场第二排边上，感觉摄像角度不好，又挪到第三排的中间，在人头缝隙间拍摄。古巴的舞蹈热情奔放，舞者服装色彩鲜艳，虽然听不懂歌词中的西班牙语，却丝毫不影响我欣赏激情四射的韵律和性感撩人的舞姿。边看边摄像，边想着找更好的位子，又怕影响别人不敢乱动。在心焦气燥之中，终于抓住一个节目间隙挪到第一排，台上在介绍演员，原来 45 分钟的表演已经结束了！真是快乐时光总嫌短！

## 12 月 30 号 微风 万里无云 酒店沙滩 大海

光脚走在平如镜面的沙滩上，耳膜接收着海浪一波又一波的轰隆声，视野中的海水从天边平静的深蓝，波动到近一点的碧绿，再掀起一米高的白色浪头，卷着细沙蔓延到岸边，亲吻着我的脚指，然后漫过脚面，包裹起小腿，一股清凉袭来，我心中响起那首《大海啊故乡》。我的故乡并没有海，这是来到了心灵的故乡吗？那个人类母亲的子宫，女娲抓起泥土的地方。

清澈的水没有一丁点杂质，清亮而透明，我的心也变得纯净而安详。细沙在脚下流失，让我沦陷，沦陷……退去的海水留下一些宝贝。捡起脚边一只完整的贝壳，阳光下那些闪闪发亮的碎片引起了我的遐想，它们表面比我手中的这个更光滑，色泽也更鲜亮，但没有被我捡起。大海却不像人类那样嫌弃残缺，统统包容。归根到底，这些贝壳在本质上都一样。就像人和人，谁也不比谁高贵。

老公和孩子们要乘帆船出海去潜水，听说走一个多小时，我也随去看热闹。船长是一个很结实的中年男人，上船前我先报备："我不会游泳，需要全面保护。"他云淡风轻："我做这个工作 26 年了，放心吧。"

船开了没多远就停下来，原来已经到了潜水看鱼的地方，老公开玩笑："离岸边这么近，都能游过来吧？"也许如同看山近，游那么远并不容易，何况还有海浪。老公带孩子们下水了，我坐在帆船边，把脚放到水里，惬意地看着游来游去的鱼，同时小心着不让它们咬到我，别以为这不可能，一天前，老公潜水时，他的一根手指就被鱼咬破了。

这时，船长问我："要不要下去看鱼？"我答："我不会游泳。""不会游泳也没关系，你抓着我的胳膊。看那个人也不会游泳，"船长指着另一条船边，一个正被船长拉着，趴在水上的人。

我被鼓励得动了心，答应试试。因为害怕，死死地抓着他的胳膊，慢慢出溜到海水里。船长说：别怕，我用双脚夹住你，腾出手给你戴潜水镜。我按他的指示闭嘴，用鼻子呼吸，然后把头埋在水里。哇，在水里看鱼原来这么漂亮！难怪老公和孩子们喜欢潜水呢！没两秒钟，咕嘟，我喝了一口海水，好咸！

船长递给我呼吸用的管子，戴上以后我再次低下头去，“这次你可以用嘴呼吸了，”船长说。不料，我一挣扎，嘴里的管子漏了，咕嘟，又喝了一口海水！

船长说：“放松，放松。”我惊慌地要求：“够了，够了，我看过鱼了，你快拉我上去吧。”在我的一再坚持下，船长把我拉了上去。

无论如何，这是一次宝贵的体验！

船长笑我：今天晚饭别放盐了，你吃够了。

我继续坐在船沿看船长用碎面包引来的鱼儿，这些鱼比头一天在岸边看的鱼大了很多，估摸着个个有半斤重，黄黑相间或者灰色的鱼，多得像谁家的养鱼池。

老公上船后告诉我：底下有岩石，鱼们喜欢在岩石边或者水草里。所以这儿鱼多。

“底下有珊瑚吗？”我问。“没有。”

帆船又带我们转了一会儿海，老公和女儿晕船，要求返回。我对船长的鼓励充满感激，下船时跟他讲：“你等着，我去换零钱，给你小费。”

跑去问坐在帆船出发处的一个女士可不可以换一百美元，她旁边还有个男士，估计也是开帆船的船长。问我要美元还是加元零钱，“都行，”我说。

几个人一操作，递给我一沓有二十，十块，五块的加币，我抽出一张十块的给了鼓励我的船长。然后低头数手中的钱，什么？九十加币！我扬起脸，想说：一百美金不是换一百二十加币吗？怎么能按一比一兑换呢？船长看着我的表情，有点儿不好意思地问：有什么不对吗？我咽下了想说的话，挥挥手，回答：没事儿，没事儿。

晚上，在酒吧点了一杯 Mojito 鸡尾酒，等着和儿子一起看表演。这次是拉丁舞主题，同样充满了拉丁美洲人民的激情。舞台从剧场换到了室内的喷泉边，看台离得远了一点儿，有树木和植物掩映，台上的演员成了一个个在森林中舞动的精灵。

度假圆满！因为我们也不想再吃那里的饭了。

回程无可挑剔。过古巴海关时女儿没交出境卡，没被问就通过了。儿子的背包原本想托运，他后来改变主意，里面装有超过手提行李允许量的洗发液，过安检时也没被拦住。我们全部被优先登机，坐在了宽敞的第一排，从座位可以看到飞行员密密麻麻按钮的操作台。飞机一路平稳，落地后我第一个走出飞机，第一个领行李。回程的一切似乎施了魔法，都在给我们开绿灯。

这就是否极泰来吗？人生终归是平衡的。磨难有它的价值，当我写下这些文字，内心也充满了感恩，一切都是最好的安排！感谢上苍，包括那长长的前奏，也是完美假日的一部分。宽容，耐心，坚持，乐观，担当，让我们享受到了生命中赋予的一切。

# 万里追光

我对极光的执念不知道来自哪里，也许在心灵深处，那绚丽多姿的色彩，好似天际的召唤，或者是对我的邀约。

几年前，全家去挪威的 Tromso，深夜自驾到偏僻的湖边，只看到一条条细小的白云在空中飘过，用手机照下来却是绿色，就激动得像疯子一样欢呼雀跃。

今年，全家决定去黄刀镇看极光。联系了朋友推荐的 Owen，虽然跟团有点儿小贵，但可以保证最好的体验。2023 年 12 月 26 号，凌晨 3 点起床，乘飞机转多伦多到黄刀，去赴为期五天四晚的极光之约。

## （一）营地观光

飞机在一片荒凉的雪地上降落。旅行社司机把我们接到 Quality Inn 酒店，也带来了租用的厚羽绒服、雪裤，雪靴和厚手套。晚上 9 点半，全家穿戴停当，乘旅行社的车去极光营地。

我们在黄刀镇边上的一栋湖边别墅停下。环顾四周，那里有一顶印第安人尖顶大帐篷（可以坐在里面等极光）、一顶小帐篷（照相装饰）、一盆篝火和一个秋千也在冰天雪地里迎接着我们。

坐进温暖的别墅客厅里喝茶、吃饼干、看电视、聊天，和几十位客人共同等待极光的到来。儿子趴在别墅的长条桌上打起了盹儿。我隔会儿就去室外转转。

这是阴历十四的夜晚，月亮很圆也很亮。天上的云像积雪一样在积攒，它们不是棉絮一样蓬松的白云，而像鱼鳞一样，一棱一棱的，让人能感觉到它的硬度。月亮在白云中游走，一会儿钻出，一会儿钻进，直到越积越多的白云把天空全部盖满。天和地都变成一色的雪白。

十二点差几分，突然听人在窗外喊：极光来了！我跟着大家跑出去。从门口就看到两道白光，从右前方的树顶冲出来，如袅袅炊烟，也如两条触角，长长地升向天穹。云彩不知何时被风吹散很多，蓝色的夜空露出了大半。

导游们架好相机，紧张地给客人轮流照相。游客自己也举起手机。

“那边，极光又来了！”有人喊。我转过头去，从湖边方向，也出现一片白光，如扇面，举手拍照，录像，忙得不亦乐乎。

极光一般持续几分钟，就消失在夜空，过一会儿又来。人们向各个方向看着，找着，不知不觉中，风已把所有的云彩吹得一干二净。月光如洗，星光闪烁，加上雪地反光，夜空亮如白昼。

第二天听说，雪是从夜间两点下起来的。就在我们刚刚回到酒店以后。

## （二）极光爆发

小女儿感冒了，儿子想休息一晚，婆婆也累了不愿出去。

“天气晴朗，这是看极光的绝好天气！”Owen 说，“你们都要尽量去看啊。”可谁也叫不动要睡觉的人！

我、老公和大女儿被接到营地。轻车熟路，进屋就倒茶喝水，还扫了旅行社的二维码，看他们头一天为客人照的照片，免费下载。

老公感觉极光快来了，我们相伴出门，细细的极光已挂在空中。对弱小的极光已经不再兴奋，我们在营地四周走动，冷了到篝火边烤一烤。有人在篝火上烤棉花糖。

突然，天空中的极光越来越多，左边一条，右边一片，越来越大，极光爆发了！“跳舞了跳舞了，极光跳舞了！”有人激动地喊起来。我把手机对着天空，不停地挪动方向，这边有，那边也有，这边在变，那边也在变，拍哪个好呢？想照下来，又想自己用眼睛看，真是顾此失彼。绿莹莹的极光，如翡翠，像跳动的琴弦，伴着闪闪的星光和亮丽的满月，真是太壮观了！大女儿说，她感动得眼泪都快流出来了！

或许是怕这灯光秀太安静，远处又传来阵阵狼叫，一阵紧似一阵，好像是一大群。狼在月圆之夜向天空嚎叫，真实不虚。大女儿说，这树林里得有多少狼啊？真是一场独特的声光秀！

第二天去坐狗拉雪橇才知道，我们想错了，那是狗场一百多只哈士奇的叫声，它们的野性还在。

## （三）小巴追光

这是我们在黄刀的最后一晚了！我希望全家能再看到如第二晚一样精彩的极光，让儿子、小女儿和婆婆也不留遗憾！

白天是晴天，孩子们去骑雪地摩托，我本想逛黄刀镇的店铺，或者做视频，却被手头的小说《追风筝的人》所吸引，懒得动，窝在床上，直到把书读完。

天空从下午三点开始部分转阴，随着时间推移，逐渐变得阴云密布。我担心地微信问 Owen,今晚还能见到极光吗？他答，很难说，有时候天气马上变好。我想着第一天的情形，期待奇迹再次出现。

车来接的时候，天空中白雾茫茫，透过云雾可以隐约看到月亮和一颗星，天地间比前两晚暗淡了许多。

在营地等到十一点，雾气还是没有消，导游也坐不住了，决定去追光，正合我意！体验一下追光的乐趣。

所谓追光，就是把车开到野外去，找特定的地点等待极光，这比在营地观光辛苦，但见到极光的机会可以大幅度增加。他们说，雾比云更难预测，不知道什么时候才会散去。

我和孩子都很兴奋，追上追不上极光，都是经历。

第一个目的地，是在高速公路旁的一个停车场。导游交代，下车后不要走太远，大雾天，路上的车看不清楚人，会有危险。抬头仰望天空，白茫茫一片，除了透过云雾的月亮，连那颗星都不见了。

几分钟后，导游决定去下一站——Vee 湖。她说，Vee 湖周围都是树，营造了它独特的环境，湖上冷空气下降，可能会破开云雾。

经验真是珍贵的宝石！Vee 湖的上空果然星星多了一些。大女儿和儿子分头向湖的深层走去，不久就被雾气笼罩，不见了人影，急得我赶快喊他们回来。导游说过，周围可能有动物。

在湖边逛冷了，回车上坐，想暖一暖再出去，突然听到有人喊，极光来啦！我赶紧拉开车门，一条长长宽宽的极光已挂在天幕。它以绿色为主，掺着罕见的紫红色呈现在手机屏幕上，如仙女的纱巾，飘舞着，跳跃着，从天边落到人间。

更让人震惊的是，极光逐渐布满了整个天幕，纷纷来临，弹起了无声的乐曲……

不知不觉中，云雾散尽，数不清的星星和极光相映成辉，在我们的惊叹中表演着。

手很冷，等不到极光谢幕，就回到车上暖身。难以想象，正常年份的温度比今年低二十度，看极光时睫毛会结冰吧？

回程路上，依然白雾茫茫。感谢上苍，也感谢有经验的导游让我们的行程如此圆满！

极光是什么？科学上讲，它是太阳风裹挟着带电粒子，轰炸了地球磁场周围的大气原子和分子，能量释放产生的光芒。但我更喜欢古代人传说中的灵魂上升。

有人说，见到极光的人是幸运的！我得到上天如此眷顾，也许是他迷失在人间的孩子，上天用这种方式，提醒着我：记得玩够了回家！

大女儿问，你以后还会专门到一个地方看极光吗？我不假思索地回答，2025 年 8 月下旬去育空的白马镇再看极光。

心满意足地收拾好行囊，在黄刀机场坐等晚点的飞机。我跟朋友开玩笑说，真是从日出（11 点多）等到日落（3 点多）啊。

闲得无聊，突然注意到地板上印着一个巨大的北极圈地图，站起来盯着它看，在上面找到黄刀镇和白马镇。小女儿也站起来看，她去年 8 月份曾坐过阿拉斯加的游轮，指给我看游轮的路线和火车路线，原来白马镇离阿拉斯加游轮的路线很近。老公也凑上来。我说，2025 年秋天我们去阿拉斯加自驾游吧，然后到白马镇，看不到好极光，就再从白马镇飞到黄刀。

难道，追不到最美的极光，我不能罢休？

附：

如冬季去黄刀镇自驾看极光，需习惯雪地夜里驾驶，可去 Vee 湖。

冰上网鱼和狗拉雪橇都值得体验，如果只选一项，我会推荐冰上网鱼，因为去网鱼点的路上，可以体验摩托车拉的雪橇。

对食物就别要求太高了吧。酒店可选 Explorer，能得到高楼层的房间更好，说不定从房间能看到极光。

## （四）黄刀镇的人

在黄刀的大街上，我问导游，这里有多少常驻中国人？他说，两百多吧。

为什么中国人来这个地方呢？他说，为什么不能来呢？上个世纪七十年代就有中国人来这里了。我们的前辈在这里开餐馆，超市和酒店，都做得很好。以前这里都没有极光团，也是中国人搞起来的。

在黄刀，日本人比较多，因为他们认为见到极光是幸运的。但走在大街上，我明显感觉到这里原住民比别的城市比例高。查资料得知，黄刀的原住民能占到20%。走在路上，我也遇到过伸手要钱的原住民。问导游他们做什么工作比较多，答：2/3靠政府发钱。

不过，这里也有非常勤奋敬业的原住民，带我们去冰上捕鱼和坐狗拉雪橇的73岁老人Grant Beck就是优秀的一个。他从7岁开始用狗拉雪撬送杂货，9岁赢过狗拉雪撬的比赛。Beck不仅是优秀的训狗师，也义务贡献了很多时间传帮带年轻人。

我们坐Beck的摩托拉雪橇穿过森林，去他撒网捕鱼的大湖。第一次坐雪撬的我，笨拙地把自己塞进雪撬，靠在老公身上，老公的身后是儿子，我的前面是小女儿。雪橇里铺上了厚厚的棉被，我们在林中颠簸一点儿都不辛苦。可以欣赏沿途挂着一团团雪的松树，感觉美极了。

在冰洞前，老人把头一天下到水里的网拉上来。这种网和我小时候见过爸爸打鱼用的圆网不同，它有几十米长，窄窄的。老人拉一段网出来，上面挂着几条鱼，他摘掉这些快要冻僵的鱼，再拉一段出来，上面又挂着几条鱼，他再摘掉，就这样，一只网拉出了三十几条鱼，有的鱼很大，恐怕有十几二十斤，小的也有一斤。老公说，这一网够咱家吃一年的了。

大女儿问他，怎么没有别人来捕鱼？老人说，湖里鱼很多，人们懒呗，不来捕。当然，政府只允许原住民用网捞鱼，别人只能钓鱼。效率就不可同日而语了。

中午，我们在 Beck 的狗场旁边的餐馆里吃他头一天捕上来的鱼，很新鲜，价格已经包在旅游票里，随便吃。虽然餐具简单，在这样的地方就不能要求太高了。我环顾四周，看到老人赢得的几百个奖杯，摆满了三面墙，其中包括 1978 年加拿大狗拉雪橇锦标赛冠军和 1981 年的世界冠军。

午后，旅行小巴把我们带到狗拉雪橇的大湖上，又遇见了 Grant Beck。这次，是他驾着 16 只狗拉的雪撬，带我们绕湖一圈，据说有 8 公里长。出发前，狗儿们狂叫着，恨不得马上工作。老公问 Beck，能坐着您的狗拉雪撬回蒙特利尔吗？他笑答：去蒙特利尔有点远，但我赶着它们去过 Edmonton，第一次花了十二天，第二次花了八天。

一路上，Beck 轻轻吹着口哨。狗们则安静地狂奔，时不时有狗跑着叼一口雪。老公问，您怎么让狗拐弯啊，他说“嘿”“哈”。正在这时，我们到达湖的一头，他轻轻一声“哈”，领头的狗立刻向左拐了弯儿。老公问：“领头狗听得见这么轻声的指令啊？”Beck 答：“能听得见，它正等着呢。”“如果该拐弯时您不喊嘿哈呢？”“狗就直行下去了。”

女儿也问 Beck：“您觉得跟人打交道容易还是跟狗打交道容易？”他笑答：“当然是狗，它们不会顶嘴。”

这位 73 岁的原住民老人，享誉世界，却依然在冷风中亲自服务游客。实在令人敬佩！

从本地报纸上，我看到讨论解决无家可归者的问题。有人说，有些原住民有心理疾病，他们的酋长也在努力争取让政府和其他族裔认可他们在保护环境和动物方面的贡献。理解原住民的伤痛，也希望他们早日和解向前看。

# 南极日记

南极对许多人是一个神秘的存在。它是极寒之地，远在大洋之中，发现的最晚，去的人最少。想真正认识南极，就要亲眼看见它，亲身感受它。

## 2024-02-28 穿越德雷克海峡 初体验

这两天我正穿过德雷克海峡。来之前，听到过有关它的各种传说。有人说那里一年365天波浪滔天，危险至极，人人都会晕船，甚至有人失去性命。也许海神确有暴怒脾气，而我体验到的却是它温柔的一面，或许这得益于我乘坐的那艘超稳定的游轮。

今天多云。太阳一直躲在灰色云彩背后，跟我玩儿捉迷藏，忽亮忽暗，大多时间完全看不到它。偶尔太阳露个头，视线里短暂出现小片蓝天，明亮的光线投射到游轮一侧的水面上，照出一条银光闪烁的大道。大道两侧的水域乌黑如墨。水下似乎蕴藏着无数个巨大无比的兽，它们在翻滚，翻起三四米高的浪头。这在德雷克海峡，是平常天气。

整个行程，我们几乎是视野内的唯一船只，纵然是承载了几百人的游轮，在大洋上也是沧海一粟，显得渺小又孤单，让人油然生出一种臣服大自然、听天由命的心情。出发不久，远远地看到一艘别的游轮，使人庆幸可以守望相助。很快这个伙伴又不见了，直到两天后在冰山前重逢了一小会儿。

穿过海峡的路途漫长，但并不无聊，船上有各种讲座，成功地勾起我的兴趣，也或近或远地见过四五座冰山、三四只飞鸟，据说游轮附近出现过二十多头鲸鱼，我一头也没见到，也许是在加拿大看过很多鲸鱼，不以为意。一个英国的鸟类专家 Simon 指着船边飞行的一只鸟告诉我，那叫南方大海燕。

导游给大家打了预防针：南极的天气瞬息万变，但没有坏天气。他把飓风天称作“好天气”（good weather），并说：无法上岸时，我们在船里安全地呆着看风景，就可知足，毕竟是南极嘛！但更好的天气是像这两天（阴天），要是赶上大晴天，那就是绝好的天气了。

我对南极天气的变化之快已经有了些微感触，刚刚喊老公：看，下雪了！而 5 分钟后竟然是蓝天白云。

在甲板上，遇到一位美国加州大学的在读研究生，叫 Chloé。在这条船上当客座科学家。她的专业是动物交流，此次上船参与调查南极鲸鱼的健康状况，包括鲸鱼的生殖状况及焦虑水平。据她说，南极的鲸鱼在增加，因为这里有充足的食物，2015 年还有过一个生育高峰。船上有 NASA 的气象专家，阿根廷的海洋生物学家，和世界各地的地质学家、环境学家、历史学家、植物学家、微生物专家、摄影师等等专业人员。

今天行走在船上，犹如喝醉酒的人，走的都是“之”字。

随着浪头带动的船体向左前方走几步，又向右前方走几步，脚步划出波浪般的曲线。导游建议叉开腿，降低重心走弓字步，跟大猩猩走路差不多，不好看，但管用。

坐在椅子上或躺在床上，却使我感觉非常惬意，如同在大海母亲的子宫里一样，一晃一晃地令我入迷。涛声就是摇篮曲。

我跟老公说，下午和晚上风浪会增大，晕船药需提前吃，不如我们吃完饭就吃晕船药吧？他说：不到万不得已我不吃。也好，我俩一个吃一个不吃，有对照组了。

听完一场讲座，回房间的路上，经过船上的商店，老公问什么是晕船手环。工作人员拿给我们看，并解释说它通过按摩穴位预防恶心。听说晕船手环不是药，老公欣然买了两个。可刚戴上不久，他就说：坏了，我晕船了，恶心，得回房间躺着。剩我一个没事人一样在游轮里上下探索。

傍晚时分，天空升起薄雾，雾越来越浓，天水结合处越来越近，好像我们在大锅盖下，空间被挤压……

我回到房间和老公看起迪斯尼电影《企鹅》和《海洋》，前者引起我对南极更多的向往，而后者我只看了一半，就进入了梦乡。

## 2024-02-29 继续穿越德雷克海峡 绝美的夕阳

早晨 7 点多睁开双眼，落地窗外蓝天白云，风平浪静，又是一个好天气！我们的游轮，依旧在茫茫大海中独行。蓝天没有持续太久，逐渐被乌云全部遮盖。这就是南极天气？

不知是不是与吃晕船药有关，我今天困得很，听着讲座就打了四五个哈欠，真是不好意思。回房间睡了一个长长的觉。

傍晚，乌云散去，再次出现了蓝天。橙黄的阳光散落出来，照在海面上。我在房间的阳台上等了一个小时，看着太阳一寸一寸慢慢降落，照得云层一片金黄。等到绝美日落，算是今天最大的收获。

按讲座里说的，要为明天登陆做准备。我还缺一条防水裤，也担心自己的帽子被风吹跑，已被教育过不能在南极陆地上留下任何东西，以免造成污染。船上发了新外衣，租了长筒雨靴。如果穿自己的裤子，必须送去统一吸尘。我决定在船上买防水裤和帽子，一身新不需要吸尘了，后来证明买防水裤是正确的决定，上岸有需要蹚水的地方。

我报名参加了南极露营和科学考察小组，船上还有摄影组和独木舟组可选。其中只有科学考察免费，所以报名的人数比较多。各项活动都名额有限，要靠运气抽中，我没有被选中露营，但幸运地有机会参加科考。

那些被选上在南极露营一晚的游客，连大号都不能上（只有企鹅在这块土地上有权利），也许是吃不到葡萄嫌葡萄酸的心理，后来看到露营小组坐着冲锋艇，带着垫子和帐篷在晚 8 点离去的样子，感觉好冷。6 点又要起床，对我这种爱睡懒觉的人，真是折磨。不过，如果被选上，我一定又会为这个特殊的体验机会，兴奋得不得了。

虽然研究人员和游客如此谨慎地注意避免污染南极，但大海是相通的，我还是在靠近南极的水面上看见了两小片油渍。科学家也说，他们在南极的海水中测出了塑料颗粒。

## 2024-03-01 抵达南极半岛 极地生机

今天一早醒来，游轮已抵达一个叫 Peterman 的小岛边。它与周围被白色冰川覆盖的高山不同，这个小岛平缓的雪地上显出了青绿和暗红色。让我误以为看到了青草地，后来才知绿和红都是藻类。

岸边有一个红色小屋，是阿根廷政府准备的避难所，里面有床和生活物资，供需要的人随意使用，事后要告诉阿根廷政府自己用了什么，好让他们去补充，以备将来其他人需要时使用。

我的第一句话是：好美！真像一幅油画。老公说：是不是感觉像童话世界？

习惯早起的他遗憾地说：早晨 6 点时，游轮在一片冰山中穿行，周围全是大大小小的浮冰，那才叫惊艳！我以为到了目的地都这样，就没照相。结果现在反而没有那么多漂浮的冰块了。

坐在船头靠窗的地方用早餐，看到有 4、5 只鸟飞过。工作人员（包括科学家）的冲锋艇已经开到岸边为游客上岸做准备，遗憾的是岸上薄冰太滑，上岸活动被取消。改为乘冲锋艇看企鹅，可惜太远，照相摄影都不清楚。

游轮驶向第二个登陆点 Yalour 岛，这里是更加平坦的一片陆地，周围尽是冰川覆盖的大山，或者是漂浮着巨大冰山的水域，同样因为陆地上的薄冰被取消了。改为乘冲锋艇看冰山园、企鹅和海豹。

我们今天见到的是金图（gentoo）企鹅，也叫白眉企鹅，它们的眼睛区域有白色斑块，在 18 种企鹅中体型是第三大的，仅次于帝企鹅和王企鹅。成百上千的金图企鹅站在无雪的岩石上，一动不动地在晒太阳。水里也有三五个企鹅一窜一窜地游泳。

在 Hogavaard 岛附近有几只海豹，有的躺在冰上休息，有的浸在水里游泳。人们乘橡皮艇到跟前照相，一只海豹转了下头，导游说，看来它被打扰到了。我们得再离远点。

还有一条鲸鱼横在我们游轮左前方，它好像在睡觉。除了隔一会儿喷口气，几乎一动不动，就在那儿飘了半小时。

今天最让我惊艳的是冰山。黑色的岩石和发着蓝光的冰川，与水面上漂浮的大大小小，形状各异的浮冰，组成一个异常美丽的世界。平静的水面映出了冰山和冰川的倒影。我屏住呼吸拍摄，突然有两句诗滑到嘴边：千山鸟飞绝，万径人踪灭。想想不对，这里不仅有海鸟，还有海豹和鲸鱼呢。应该说，这里是一个生机盎然的美丽世界！

南极不属于任何国家，它是和平共处和进行科学研究的净土。现在有四千多研究人员在那里季节性居住，冬天就只有一千人。中国刚刚完成第五个南极站的建设。也许，对南极的研究，关乎全人类的未来，科学家们在这片土地上，展开了前所未有的合作。

## 2024-03-02 仙境 登陆 白眉大侠啃老

这是一个难得的好天气，据说南极一周能有一次艳阳天。

游轮行走在群山峻岭之间，冰川覆盖的山峰在陡峭处露出青黑色岩石，水面更加平静，一路上冰山不断，遇到碎冰覆盖的水面，反射出万道光芒，真如碎琼乱玉洒落。老公感叹，这样的景色，只有在电影中才能看到。

“江山如此多娇”和“风光旖旎”这类的词句，都不能用来描述这种景色，只有“仙境”才贴切些。我想，如果南极的山上真住着仙人，他该是什么样子？是高大的巨人，还是忽闪着翅膀的小仙女？抑或是中国神话中的南极仙翁？

南极仙翁的长寿很好解释，他的一昼夜就是我们的一年。

阳光很强，我抹了一遍防晒霜，还是感觉脸有点儿火辣辣的，又抹一遍。今天，我们终于要上岸了！

在 Neko Harbor 登上南极半岛的一小片陆地。水边有几只刚刚上岸或将要下水的企鹅。这里的企鹅是金图，大概有几百只。

企鹅宝宝已经长到半大，因为还没有褪下宝宝毛，显得比父母还胖。它们追着父母要吃的。企鹅父母轮流出去捕食，小宝宝把自己的嘴伸进父母的嘴里讨吃。有一只宝宝在妈妈那里吃了很久，大概因为惦记另一只宝宝（这种企鹅一次生两个宝宝），妈妈中断了喂它，这只宝宝就追着妈妈跑。妈妈跳过一条小沟，企鹅宝宝跳不过去，在沟的另一边可怜巴巴地望着妈妈，妈妈不忍心，又跳回到宝宝身边，引它走一条相对容易的路，但路上，这个宝宝逮住机会又多吃了几口。

我老公说，真是个啃老族！

企鹅也有引吭高歌的，虽然没有脖子，不能像大白鹅那样曲颈向天歌，但不妨碍它们发出类似的声音。其意就不懂了。

我们是下午 4 点多钟上岸，除了喂宝宝的几只，大多数企鹅好像无所事事。少数几只伸着翅膀一摇一晃地走下坡路，跳进水里，大概是去捕食。企鹅们自己走/滑出一条独特的“高速公路”，像一条小沟，有几条分叉。有的企鹅白肚皮上粘了好些土，估计是趴着滑下来蹭的。

我们上下船的路，和企鹅的高速公路有一些交叉，刚下来一船人，大家没有注意到有几只企鹅要穿过，它们就乖乖地在一边等着。我赶快闪开，因为狭路相逢，企鹅有优先权，这是导游讲的规矩。

这个登陆点不高，晚上吃饭时听新认识的越南朋友说，她今天滑倒了，好在被她先生一把拉住，另一个游客就没有那么幸运，直接摔倒在雪地上了，主要是雪太滑。

## 2024-03-03 鲸鱼 海豹 帽带企鹅

今天 8 点多我们坐冲锋艇去看鲸鱼，晨雾刚刚散去。游轮停在 Orne 海湾里，从阳台上就能看到远处的鲸鱼在喷水，也能听到它们发出的噗噗声。游客乘坐冲锋艇可以靠鲸鱼近些，而科学家的冲锋艇又比游客更加靠近，他们会向鲸鱼发射一种取样器，取下鲸鱼身上一两厘米大小的皮肤（科学家怕人们担心，特意解释说，鲸鱼的感觉就像蚊子叮一下），通过这个样品可以分析鲸鱼是否怀孕，压力状况如何。

在这个海湾，我们至少看到了七条鲸鱼，但让我更感兴趣的是那两只趴在一大块平坦浮冰上的海豹。不知道它们是否夫妻，显然一只比另一只更有精神头，它自己在冰上走来走去，还到另一只跟前互动一下，似乎想让同伴也活动活动，而那只起来走了两下，应付完差事又趴下了，那只精神的海豹似乎很无奈。这有点儿像我老公和我的互动。他在船上还去健身房，到甲板跑步上单杠，甚至跑着上下楼梯跟乘电梯的我比赛谁先到目标楼层，而我是很少能被叫动去走楼梯的。

不过刚刚，我也经历了一次很好的锻炼，出了一身的汗，是去爬雪山看企鹅了。这批企鹅和昨天看的不一样，它们住在高山上。这座山大概有几百米高，一面很陡，完全没有雪，露出青黑色的岩石。另一面相对平缓，下半部分有雪，这群企鹅住在半山腰那片平缓无雪的碎石上。

老公好奇地问工作人员，企鹅是怎么上去的？答案是：蹦上去的。我使劲儿撑着登山杖，很怕脚下的雪滑。好在太阳下，雪化成了碎冰粒，工作人员又预先踏出之字形的上山路径。特别难走的地方，他们还把雪下的冰敲出了台阶。即便这样，我爬一段路，也得歇一歇。工作人员放了大包在每个拐角处，感觉累的人可以坐。爬雪山的时候必须手脚共同用力，我恐高不敢往下看，也不敢往上看，只盯着自己脚下，幸亏没什么风。

好不容易爬到山顶，首先看到的是一块大岩石上站着三只企鹅，一只大贼欧在吃着什么，或许是一个弱小的企鹅宝宝吧？那三只企鹅熟视无睹。

随后看到两只企鹅在旁边上山，和我一样，也是走走歇歇的。它们那小短腿儿，应该比我花的时间还长吧？每天都要走一趟，可真不容易。估计它们唯一比我强的是不怕滑倒，即便掉到水里也不怕。

这里的企鹅叫帽带企鹅，下巴上有条黑线。企鹅是有故乡感的，每年春天都会回到自己出生的地方。公企鹅先叼小的石子围好窝，吸引母企鹅，还会送给母企鹅礼物——就是在它眼里最漂亮的石子。母企鹅如果喜欢公企鹅做的窝，或喜欢它送的礼物，就和这个公企鹅结婚生蛋，然后夫妻共同把蛋孵出来，并轮流去捕鱼把孩子养大。大部分企鹅一生只有一个伴侣，它们每年春天回自己的老家，找到自己的伴，孕育孩子，很有点像人类夫妻分头去打工，春节时回家。

回到船上，刚想歇一会儿，突然听到很大的鲸鱼口哨声。老公问："你在看照片吗？"我说："是的""是你录像中鲸鱼发出的声音？""不是，应该是你录像里发出的声音"。他突然醒悟到："不对，是窗外有鲸鱼"。我们赶紧跑到阳台上张望，看不到，旁边包厢里的人也在阳台上向船尾方向远眺。

犹豫了一下，我穿好外衣去 11 楼甲板，已经有很多人在船舷边照相。找了个空插进去看游轮一侧的水面，什么都没有。遂问旁边的人："是有鲸鱼吗？"她说："三条在一起，就在船边，应该还没有走远。"

等了几分钟，它们果真在不远处冒出了水面，三条鲸鱼并排，如同一个舰队，黑色的脊背那么大，那么长，是座头鲸！

傍晚六点半，我们跟随一个阿根廷的女博士生 Martina 到离冰川边缘不太远的地方取硅藻样品，并测量水下温度和水深。Martina 告诉我们，她的研究是通过硅藻看气候变化的影响。因为冰川融化，冰川里的气泡为周围的水带来更多氧气分子，而硅藻对压力很敏感。一旦硅藻的最佳生存环境遭到破坏，将对南极的整个食物链造成严重影响，鱼和鸟类都以硅藻为食物。

两艘冲锋艇结伴出发。到达指定位置，Martina 的助手把一个带着网子的塑料瓶放在水面以下，然后让船轻轻转圈收集 15 分钟样品，然后带回船上实验室用显微镜观察。另外把一个测量温度和压力的仪器慢慢用缆绳送到水底，通过蓝牙把温度和深度数据传输到系统中。我们船上的设备总是连不上蓝牙，大家群策群力出主意，最后重启设备解决了困难。游客们问了科学家很多问题，看起来都很有学问。老公问大家是否都有科学背景，问题最多的那位老先生回答，他父母是科学家。

## 2024-03-04 曲径通幽 企鹅宝宝

每次感觉已经看到了世界上最美的风景，总有更美的惊喜在前面，让人不能自以为是，也不能轻视任何机会。

今天早晨，游轮停泊在 Spurt 岛附近。我睁开眼时，窗外是一个雪山，如雪蜥蜴，头部被冰川覆盖，尾巴露在外面，露出黛色岩石。一路上，见过了太多冰川和雪山，已经习以为常。老公说，他差点不想上冲锋艇出游了。没想到，这座雪山内有乾坤。

似乎游轮上的广播比往日更急，我们匆忙到楼下时，晚了两分钟，第一次被导游怪罪，或许是因为这个景点的特殊性。

据说，我们是今年旅游季在气候方面最幸运的一个团。这个景点很多次被放在计划中又因为天气状况被取消，就连很多工作人员也是第一次有机会见到它的真面目，因为此山周围比较开阔，风浪经常很大，冲锋艇要穿过一条狭缝过去会比较危险。而今天风平浪静。

这个缝隙后边有一座美丽的冰山，它动一动，就有可能把狭缝堵住。我们的冲锋艇穿过狭缝，一个像隧道一样，自然天成的岩洞进入眼帘。冲锋艇没有开进这个岩洞，不知道是怕洞顶上有东西掉落，还是里面曲折比较危险。转过两座奇形怪状的巨大冰山，我们又看到一个岩洞，冲锋艇才开了进去，里面好像一个圆形大剧院。导游特别提醒主意进洞前的水色，是一种在其它地方从没看到过的普鲁士蓝，蓝得深邃醉人。而旁边的几座冰山，也比我看过的所有冰山都更蓝，透着宝石般的纯净和晶莹。

为了寻找和它匹配的蓝色词汇，我偶遇了宋代诗人那句“身在玉壶图画里”，引起强烈的共鸣，我想诗人应该没有到过南极，如果他到这里，会用什么诗句呢？“身在琼山玉海中”？

这里成为本次行程我最喜欢的景点。

下午，行程的安排是在 Mikklesen 港口上岸看金图企鹅。前面已经看过不少企鹅了，还能有什么新花样呢？

但是，还真有！首先是巨大的鲸鱼骨架子，以前没见过。原本这里曾用来停泊捕鲸船，后来就以挪威捕鲸船船长米凯尔森（Kiarius Mikkelsen）的姓命了名。他的妻子卡罗琳陪伴他一同来到这里，成为世界上第一位登陆南极大陆的女性。

然后就看见了那个让我瞬间爱上的企鹅宝宝。

这个宝宝站在一块石头上，离它的族群有一段距离，一动不动。它胖嘟嘟的肚子上，灰绒毛看起来软软的。很多人围着它照相，它就乖乖地呆在那里，偶尔扭扭头。它是在等爸爸妈妈吗？那里的确离海边更近。我去其它地方转了半个小时回来，它还在那里，可怜见的。害得我一直心里放不下它，想买一个像它的绒毛玩具，却一直没有找到一模一样的。

这个小岛上还有一个旧船架，不知是哪年的探险者留下的。我的目光没在它身上停留太久，还是被企鹅吸引了过去。这些可爱的宝贝身穿燕尾服、白衬衣，太美！尤其走起路来抬头挺胸的那位，在松软的雪地上深一脚浅一脚，东倒西歪，连蹦带跳，急急忙忙的样子是去找自己的妻女吗？还有几只正穿过松软的雪地从一个栖息地到另一个栖息地，好像人们在两个村子间串亲戚。

已经是下午 6 点多了，估计小企鹅们饿了，叽叽喳喳的叫声多了起来。有的小企鹅在雪地里找东西吃。其中一只叼起了一根长羽毛，另一只小企鹅过来抢。两个小家伙抢来抢去，第一只小企鹅保住了自己的战利品。

在企鹅村的村边上，一只小企鹅张着小嘴儿，伸着脖子焦急地叫着妈妈爸爸。远处走过来一只成年企鹅，它迎上去，结果是邻居大婶儿。这个大婶虽然没喂它，还是安慰了它几句，陪着它呆了一小会儿才离开。小企鹅继续叫，看向每一个经过它的大企鹅，可老等不到爸妈。我真希望它的父母早点儿带着战利品回家。

## 2024-03-05 让暴风雨来得更猛烈些吧

昨天夜里，我们的游轮离开南极半岛，向南极边的一个群山方向行进，目标是中间水域的一个活火山——欺骗岛。大约一万年前，海底火山喷发，火山口塌陷，形成破火山口，海水灌了进去。这个环形山只有一个小口容我们的游轮通过。

一早老公说，昨天夜里狂风暴雨。我睁开眼看窗外，天空依然阴云密布。

因为想拍下游轮进火山口的那一刻，我跑到11楼的甲板上，那里的风又大又凉，顶风走不动路，在甲板上也呆不住。只得匆忙照了几张相就离开了。

按照计划，我们的游轮会在环形火山内一片平坦的山脚下停靠，游客上岸参观先人留下的遗迹。据介绍，19世纪欧美探险者曾在这里大规模捕杀海豹，20世纪初挪威、智利捕鲸公司又在这里开工厂炼鲸鱼油，甚至这里曾有过邮局，并留有一个埋葬几十人的墓地，但尸体早已被1970年爆发的火山灰掩盖。

导游说现在海豹回归，多得能挡住行人的路。每个上岸的游客会分到一个登山杖，用来预防海豹攻击。我和老公还报了名要登火山，有的客人计划跳进海水里去体验一两分钟。

可是，当上午 10 点游轮进入预定停靠地点后，先是因为风大把登山的安排取消了。山坡比较陡，人被风吹下来不是闹着玩儿的，更何况游客大多是弱不禁风的老头老太太。这让我先生遗憾了一下，他昨天是鼓励了半天，我才同意登山的。

等了一阵子，上岸的安排也取消了，唉，还以为今天是压轴节目呢。也许我们前面的行程太幸运了，把福气用完了，留点儿不完美才是人生吧。

船长决定提前返程。当广播里的导游说：恭喜你们，终于可以体验到真正的极地风，请尽情欣赏它时，老公突然豪情大涨：我是大海燕，我是大海燕，让暴风雨来得更猛烈些吧！我大笑。我们组，正好也叫大海燕组，冥冥之中的安排，都似乎有点儿意味。

在离开火山口的那一刻，我注意到它的水是蓝绿色的，山脚下还有一个小湖，里面的水呈碧蓝色。我想，水色可能与水的深度有关。来南极时经过德雷克海峡，水深七八百米，水色如墨一样黑。而在火山口，水深只有七八十米，因此可以透些光亮？老公说，水色不同，可能跟水里的藻类有关。而这些观点，很快就被新的认知推翻了，应该是太阳光线的不同造成了海水的颜色变化。现在，游轮又行驶在五六百米深的海面上，乌云密布的天空透出了两小块蓝天，海水出现了三种颜色，远处是深海蓝，近些是碧蓝，跟前是蔚蓝。其实这些颜色的说法又都不太准确，因为真实的海水颜色总是介于两类色彩之间，而且随时在变化。我跟老公说，人要是知道自己无知，而且时刻记着自己可能认知有错，不再执着地跟人争论，就是一种进步吧？

游轮刚开出火山口时，风速达到每小时七八十公里，而且下起了雨，阳台和甲板都出不去。我多少有点儿晕船，赶紧吃上了药。现在，风速降到了每小时四五十公里，对于我们这个游轮，已算是风平浪静了。现在，天空挂起了一个完美的拱形彩虹，可以清楚地看出红黄蓝紫四种颜色。让人心中充满感恩和喜悦。

下午先起雾，后下雨，浪也大了起来，原来我们已经开到了德雷克海峡，再也没有山峰为我们挡风遮雨了。窗外飞来一群鸬鹚（也叫鱼鹰，我原以为它们是海燕），好像它们在风雨中飞得很吃力，但我照相还是抓不住好镜头，刚改成录像几秒钟它们就飞出了我的视线。正在遗憾，惊喜地发现它们飞回来了。飞来飞去两三个回合之后，老公推测，它们一定是落在甲板上休息去了。穿上外衣和雨鞋，我们上 11 楼甲板去看。果然，三只鸬鹚正在那里走来走去。我们停在离它们十来米的角落观察。甲板上没有其它人，除了穿着短裤和单衣在跑步的 Chloé。正当我们要拍照时，一个手托长镜头的摄影发烧友出现，他径直地向鸬鹚走去，不顾 Chloé 反复请他与鸬鹚保持距离的要求。我和 Chloé无奈地交换了一个眼神。

离开 11 楼甲板，我们去 7 楼甲板看有没有鸬鹚在那里。一只都没有，转身正好瞥见 9 楼驾驶室的船长友好地向我们挥手。这大风天，除了我们，还有哪个傻子去甲板？

剩下的鸬鹚到底都去哪里了呢？老公去 10 楼的观察室回来，给了我答案。原来，它们停在了观察室窗外窄窄的船板上。不像 11 楼的三只那样焦虑得走来走去，这些鸬鹚正趴在船板上安详地休息。老公隔着玻璃拍下了鸬鹚降落的视频，漂亮！

晚上有一场慈善拍卖会，我和老公前去观看。我猜会有绘画作品，老公猜会有小艺术品。出乎意料的是，拍卖的物品是船长的帽子、此次航程中某冲锋艇上损坏的螺旋桨、此次航程的船旗，还有三天的豪华套房。我跟老公说，这些拍卖品中，只有船长的帽子适合你拍。他回我，那也得看是戴过还是没戴过。对于有洁癖的他，自然是不要别人戴过的帽子。

拍卖开始了，从船长的帽子开始，起价十欧元，如果有人举手就加十欧元。三四个人相互竞价，很快达到七十欧元。就剩我先生和一位貌似德国人的老先生在竞拍了，他问拍卖员，帽子是戴过的吗？大家善意地笑了，在得到“没戴过，但船长签了名”后，老公继续举手。这时突然杀出个程咬金，直接出价 100 欧，老先生放弃了，我老公继续举手，最后在竞拍中取胜，用 130 欧拍下了船长帽。拍卖会的气氛也被带动了起来。

待其它的物品都拍卖完毕，我们喜滋滋地回到房间，老公戴上船长帽。在给他照相时，我说，以后可以留给孙子。

## 2024-03-06 勇者 鲸鱼的声音

一整天在德雷克海峡上，我吃了晕船药，感觉问题不大，就是困。

上午，10 楼热水池边在举办喷海水活动，这是作为没能让游客在欺骗岛跳进南极体验海水的补偿。每次三位勇敢的游客穿着泳衣坐在椅子上，工作人员用一个粗管从游轮边抽海水直接喷到他们身上。我不敢尝试，冻病了咋办？怯怯地问一个刚被喷过海水的女游客："你感觉怎么样？"她边抖落头上的水边说："挺好的。"

今天还去听了 Chloé的演讲，是有关她的研究方向-- 鲸鱼和海豹的声音交流。原来，动物发出的声音有如此多的不同，且各有功能。有的声音是动物自己的标志，用来打招呼，会多次重复。Chloé把自己当作鲸鱼，形象地扭动身体，对着一个游客说：Chloé，Chloé，Chloé……有的声音用作母子交流，孩子出生后妈妈大吼一声，小家伙也吼一声，反复吼叫，彼此记住。她放了一段录音，母子两个此起彼伏，小家伙的声音可爱得像小狗叫。有的声音用于定位，还有求偶唱的歌。好像的世界也有流行歌曲，动物种群会学习新歌。有些动物发出的超声波，我们的耳朵听不到，但科学家有办法，通过快放或慢放录音而听到它们。

世界真奇妙，我有太多不知道，唯有谦恭和感恩，并且享受拥有的一切。

## 2024-03-07 回程 仙翁送行

一早，老公说他梦到杜甫到我家做客来了，还穿着古代的衣服。他问杜甫：不喝两杯？来点儿白的？杜甫说：不能喝白的。他又问：那来点儿红的？杜甫说：红的行。老公撕了鸡肉鸭肉做下酒菜，两人喝起来。难到杜甫真变成了南极仙翁，来给我们送行？他在《泊松滋江亭》中曾写过“今宵南极外，甘作老人星”的诗句呢。

现在艳阳高照，青山绿水，我们的游轮已经回到 Beagle 海峡，房间里只有我一个人。我坐在椅子上，太阳透过玻璃照着我的大腿，温暖如春。隐隐听到发动机的声音，心如此平静。

一次南极旅程，好像人的一生。去的时候如同人的小时候，充满了好奇和幻想，纵然要经受海峡的颠簸也不怕。到了南极，就是人生高光时刻。保持好奇心，抓住机会，突破自己对世界的认知，发现生活中的各种美好。纵有冰滑和风大造成的遗憾，知足地接受命运安排就是美满。回程时，好像人将老去，剩下的都是美好回忆和总结，然后在最平静喜悦的心态中下船。

老公刚去听了船上的讲座。回来跟我分享了一个极地候鸟的知识。他说，小小的极地燕鸥，每年北极的夏天结束时飞回南极，居然不吃不喝不睡，连飞 10 天。而它一生飞行的总行程相当于从地球到月球距离的 8 倍，堪称神鸟！

学佛的嫂子说：“寂静法师年年带队去南极，去过南极的人，回来后心态都会有变化。”我问怎么个变法？她说：“他们都变得开朗，有爱，健谈。每个人回来都说南极是最美、最纯净的地方。变得更加热爱生活。”

这次来南极，老公也放下了二次创业的压力。他说："今后从兴趣出发，随缘做事情，不再执着于结果。"

上午我们参观船长室，里面各种仪表，老公问了"哪里是发动机？哪个是操纵杆？"等问题。他半开玩笑地跟我说："回头咱买个帆船开回中国去。"我笑着提醒他："你先在圣劳伦斯河里练练吧。"

一个游客羡慕船长室的180度角的视野，船长自豪地回答："我们做的是最棒的工作。"另一个游客走到一边，悄悄地跟他的同伴说："我们才是最棒的，他只有最好的视野，我们还能出去呼吸最新鲜的空气呢！"

其实只要有爱，每个人的当下所做的，都是对自己最棒的！

我又看见了水面上的银光闪烁，生活静美……

## 附：南极旅游攻略

南极旅游组织协会（IAATO）规定载有500名以上乘客的船不得在南极登陆，只能在海上巡游，而且很多岛屿的海域也无法靠近，这一点需要在选择南极游轮时特别注意。

我们乘坐的是百年老牌游轮企业海达路德（Hurtigruten）的 MS Fridtjof Nansen 号（附上网站链接：https://www.hurtigruten.com/en-us/expeditions/），载客量可达500人，但这次的乘客有400多人。通常的科考船载客量在100-200人。

由于南极同一地点任何时候登陆的人数限制 100 人，我们是分批登陆的。当一批人登陆时，其他人在船上等。载客量小的科考船，每天可以登陆两次，而我们只有一次登陆，一次坐冲锋艇巡游。我们选择大船的原因是它稳当些，希望少些晕船的感觉，这个目的达到了。

我们的行程是从蒙特利尔出发，在巴西的圣保罗转机，到阿根廷首都布宜诺斯艾利斯，住了两晚，然后飞到乌斯怀亚上船。游轮票含布宜诺斯艾利斯一晚的酒店（我们自己加了一晚，以便在布宜诺斯艾利斯游玩）和飞乌斯怀亚的来回机票。

游轮用了两天穿越德雷克海峡（小些的科考船可以只需一天穿过海峡）。这条路线能够欣赏到南极的代表性风光，看到企鹅、海豹和鲸鱼等野生动物。对于有钱又有闲的人，可以在半岛的基础上，增加南乔治亚岛（South Georgia Island）和福克兰群岛（Falkland Islands），据说能欣赏到更加丰富的动植物以及特色风光。只是旅游容易出现审美疲劳，我个人感觉 12 天的游轮刚刚好。

如果不想坐船穿越德雷克海峡，听说还可以选择在智利的蓬塔阿雷纳斯出发，乘飞机直接到南极，然后再登船。

去南极旅行，因为气候的变化，登陆的具体地点会随时调整。我们这次就因为冰滑没能在计划中的第一个着陆点 Peterman 和第二个着陆点 Yalour 上岸，改为冲锋艇巡游看企鹅和冰山花园。

**第一个实际着陆点：纳克港（Neko Harbour）**

它位于 Andvord Bay 的深处，是拍摄南极冰山的有名地点。同时有很多白眉企鹅，3 月初小企鹅已经长大，但绒毛还没有脱落。

**第二个实际着陆点：奥恩港（Orne Harbour）**

它是帽带企鵝的棲息地，沿著之字形路徑拄着登山杖爬雪山，需要一些体力。

**第三个实际着陆点：米克尔森港（Mikkelsen Harbour）的戴诺岛**

这是一个平坦的小岩石岛，岸上有鲸骨和一艘捕鲸船残骸，还有一个阿根廷政府建的避难所，戴诺岛是白眉企鹅的栖息地。

我个人感觉，游轮行驶时的沿途风景特别好。上岸和坐冲锋艇巡游各有好处，所以不觉得上岸少就有多不好。比如这次我们在 Spurt 岛附近坐冲锋艇去看冰山和石洞，非常惊艳，机会难得，但看企鹅一定要登陆，哪怕只有一次，近距离观察会有好多乐趣。

**欺骗岛（Deception Island）**

它的外围看似一个正常海岛，其实是一个环状被淹没的火山口。据说有很多海豹，可以徒步和挑战跳海水。可惜我们因风大没能上岸。

值得一提的是，我们因提前一个晚上回到乌斯怀亚，有机会在离港口不远的老船长饭馆吃了顿帝王蟹。味道很不错。

这个饭馆晚 7 点开门，不用预约，最好提前半小时去排队。

从十月下旬到三月下旬是南极洲的夏季/旅游季节，每个月有不同的风景。企鹅的变化是：

11 月：求爱和筑巢

12 月：筑巢和孵蛋

1 月：孵蛋和出生

2-3 月：企鹅宝宝

去南极一定要有一条防水的裤子，不怕风吹的帽子和保暖的脖套和手套，最好带上中长厚袜。登陆时船上会提供统一的长统靴和外套。2-3 月的温度为零度至零上 5 度之间。但晴天时紫外线厉害，要带好防晒霜。想用船上热水池或跳海水，记得带上游泳衣。

去南极洲不需要接种疫苗，但需要医生证明身体健康。

为了保护南极环境，根据国际南极旅游组织协会(IAATO)的规定,每年登陆南极的限量人数约为 3 万人。所以可登陆的船费都比较贵，提前订享受早鸟价比较合适。

记住，去南极得到的不是物质享受，而是一次又一次的心灵震撼。

www.ingramcontent.com/pod-product-compliance
Lightning Source LLC
Chambersburg PA
CBHW021718190726
48289CB00008B/2593

* 9 7 8 1 7 3 8 1 9 3 8 9 9 *